田鼠大婶的日记

我就是个真真切切种庄稼的女人，我喜欢我的庄稼，苞谷麦子土豆，我热爱我的土地。

其实我们的一年四季，不就是一本书吗？
自然而然地开始，每一天就是一页。

前言

第一次出版的时候，张华就说了，让我写篇前言，我没写过，也不知道怎么写。张华说:“实在不会写咱们就不写了。”

这次再版，张华说：“大婶写个再版前言吧。”说实话，想说的话特别特别多，多到还没张口，鼻子一酸眼泪就啪啪下来了!

头一版印了三千册，我很担心，能卖掉吗？假如没有人喜欢读，卖不掉，出版社不就要赔钱儿了吗？就像我们种庄稼，遇上行情不好的时候，辛辛苦苦一年，成本投上，力气出上，结果卖不掉，该是多么沮丧和失望啊。

没想到书出来，短短数月三千本书卖完了，好多没有买到书的人，都在到处打问，哪儿能买到《田鼠大婶的日记》呀？这本书，突然就像一个美丽的传说，留下了故事，书却再也找不到了。

我也没想到，这本书能够引发这么多的关注，而大婶也因为这本书悄然出名了。

就是因为这本书，好多好多的人知道了甘肃民勤的沙漠里有个小村庄，在那个常年刮风的小村庄里，有个叫田鼠大婶的农民，种了三十年庄稼，写了三十年的日记，出版了一本散文集《田鼠大婶的日记》。

本来是一本平平常常写农家劳作生活的书，我以为不会有很多人喜欢的，但是书出版后发生了好多的“没想到”。这本书不光是大人喜欢读，好多小孩子也喜欢读。好多读了这本书的人告诉我，她家读小学三年级的孩子特别喜欢书里的插图，还说，“书里文字太多，图画太少，希望大婶多画画，少写字”。呵呵，多逗啊。

还有读者告诉我，她七十多岁的父母是从农村出来的，她把我的这本书带回家，读给父母听，每次回家看望父母，就拿出来读几页，一直到读完，父母还不甘心，老人拿着放大镜又一遍一遍看，说看了书里的故事，总会想起家乡。

好多年轻读者也喜欢读大婶的日记，她们告诉我，书就搁在随手可以拿到的地方，下了班，就翻几页，忘记了一天的劳累和焦虑，书里简单的文字，读来感觉特别舒服和放松。

这本书出来后，在我的家乡也引起了很大的反响，好多人都特别惊奇，没想到农民也可以写一本书，以前总感觉写书的应该是有文化、有高学历的作家。我们庄子上的人们更是瞪大了眼睛：“那个和我们一起上地干活的老陈家媳妇子竟然写了一本书，以前我们都看着她有点傻兮兮的样子，没想到还是关在门背后的秀才呀！”

有个长城村的人打问到了我的村子，开着他的小三轮，在大热天里满头大汗找到了我家，他就为了买一本我的书，他说他也是个农民，曾经年轻时也喜欢看书写字，但是后来成家了，为了养家糊口放弃了写作，好多年一想起心里还是会难受，他听说我写了一本书，写了我们农民生活，他特别激动，也很佩服我的坚持不懈，他说“你一定要继续写，多写写我们农民的故事，让更多的人知道我们民勤”。

今年我被中宣部评选为全国 50 个农民阅读推广人之一，

有好多人问我：“大婶，你写了一本书，出名了，你得到了啥好处？”我告诉她们，说我得到最大的好处就是再不用偷偷摸摸地读书，能够踏踏实实地读书，明目张胆地读书，还可以理直气壮地站到台上，吆喝大家伙儿都来读书。

最后，还有一个小故事特别有意思，有个读者告诉我，她有两个孩子，一个上小学，一个上幼儿园，哥哥喜欢《田鼠大婶的日记》，每天晚上睡觉前，就让妈妈读一段。谁知有一天，弟弟一边玩一边咕叨：“彩虹在天空看着大地，海浪拍打着岸边，小朋友在一起玩耍，田鼠大婶在屋子里读书……”

CONTENTS
目录

打春

立夏

秋风

冬至

打春

塞北的春天来得晚，塞北的春天多风沙，惊蛰开犁，春分下种，庄稼人的节气忘不掉。就在这日日的风沙里，男人们吆起了轰隆隆的拖拉机，女人们裹起了花头巾，跟着出了门。

（一）紧腊月，慢正月

冬天的大地，空旷，安静，羊群缓缓走过麦茬地。有喜鹊喳喳叫着，飞来落在高高的白杨树上，只要不刮风，乡下的天空总是那么蓝，日光明亮。

大路上开来了一辆拖拉机，突突冒着黑烟，柴油机发出很大的响声，一直传到庄子上。

装干草的人大声说着话，草渣混合着灰尘，温柔的光线，温暖的气味，他们大声说着话。

>>> 1 月 1 日

如今的小姑娘很少踢毽子!

想起来我们小时候，大冬天，课间十分钟，男生斗鸡，女生踢毽子，三五一伙，叽叽嘎嘎，笑声一片!

一直记得有个小女生叫王小红，个子不高，身子单薄，甩着两条长辫子，踢毽子，一上一下，轻盈灵活，一连踢三十来回合不歇气儿。我们一伙儿围着她巴巴地数，盼着毽子落地，我们上场，可毽子仿佛就是听她的话，偏不落。她踢得不疾不徐，不时还要扭身打个过儿。眼瞅着踢得高高的毽子就要落地，嘎，她回头一脚，稳稳接住，一、二、三，上课铃声也就响了，我们收了毽子，呼啦啦涌进了教室，怅然又快乐!

>>> 1月2日

如今过日子条件多好。市场里物资丰富品种齐全，只恨兜里票子少，不怕紧俏买不到！

一到腊月，乡里的婆姨们隔三岔五就进城，吆喝上一帮子，买衣裳，买皮鞋，大街上的铺子挨个儿进，连卖床单被套的铺子也不放过。

瞧瞧这满屋子的料子，眼睛瞅花了，哪件也好看，哪件也丢不下，为挑一件大红的还是小粉的，一伙女人们嚷嚷不休。

有人提了句，差不多就行啦，如今现成的料子成堆，掏钱儿就扯上啦，还白给缝好啦。遇上过去旧社会，想穿新褂子，铺新单子，还得自个儿纺线织布哩！想想如今的女人们活得多舒坦，一年到头不摸针线，也不缺穿戴。

>>> 1 月 3 日

城里街上的女人不爱笑，说话不扬声。一个人走的，不拘言笑，形色匆匆，三五搭伴的，也是叽叽咕咕一晃而过，听不清说的啥。我们乡下的女人爱笑，说话大嗓门，她们只要出门上了干[①]，我在屋里干活也能听得见，大奶奶还是三婶子，听得真真切切！

冬天的庄子，土眉老眼冷光光的，可是只要庄子里的女人们出来，哈，红衣裳，大嗓门，庄子也一下子活泼泼的了。

>>> 1 月 4 日

① 干：方言，街。

彩花烙三月[①]饼子，喊我们吃来。

进了门，呛喷喷的麻油味，混合着三月饼子的焦香味，直冲鼻子！

彩花守着锅，老三炕上躺，小丫头坐炕头，憋扭憋扭[②]吃得正香。

老大进来了，吃三月饼子，老二进来了，吃三月饼子，老大家的大犬[③]进来了，吃三月饼子。一会儿，老婆子又进来了，吃饱了三月饼子，来送盘子！

很喜欢彩花家的喜乐和睦。

二十几年前，我刚到庄子上，也是晚上，小姑领我到她们家转，公公婆婆的上房里，一大家人喧着谎儿[④]，炉子上搭着大锅，锅里滚着面片，妯娌们围着炉子下面片。

好多年过去了，好多的事儿忘记了，但是，彩花妯娌们一起揪面的情景却永远定格在脑海里，不曾忘记。

>>> 1月5日

早晨的阳光透过大窗子，展堂堂地落了一炕。我铺床单，装被套，使劲儿一抖，明亮的光线之中，轻薄细碎的棉絮一如漫天飞雪，纷纷扬扬！

此刻，屋内宁静，光影交错，跪在热炕上的我，恍恍惚惚就像走进了霍勒大妈的院子。面包熟了，快把我取出来呀！苹果红了，快把我摘下来呀！姑娘，霍勒大妈喊我，声调温柔，帮我做家务好吗？每天抖我的被子，要使劲儿抖，抖得羽绒像雪花一样，这样，每天就可以下雪咯。

好啊好啊，我愿意！抖着羽绒被子，看雪花飞舞。盘子里每天都有肉，炖肉，烤肉，应有尽有。

啊，多么美妙！

---

① 三月：方言，土豆。

② 憋扭憋扭：形容嘴巴鼓鼓地嚼。

③ 大犬：方言，大儿子，一般小孩子就叫小犬。

④ 喧着谎儿：方言，喧谎，即聊天。

咚咚咚，呀，谁在敲大门！不好，老汉回来啦！“做啥美梦呢，半晌午了，还不快滚下炕做饭。”

>>> 1 月 6 日

老话说：“过了腊八，就把年办。”今年的腊八和小寒碰一搭儿了，早起的小北风，冷嗖嗖的。真不愧是腊八腊八，冻掉关老爷的下巴！

每年到了腊八，总会想起奶奶说的腊八饭、黑洞洞。我还迷迷糊糊睡在热炕上，奶奶就喊起三叔，打发他去井上打水。三叔咣咣当当进了门，奶奶照例会问一句：“今年腊八是谁头一个打了水？”三叔咕哝一声：“当然还是承福二伯。”奶奶便有点怅然地说道：“我知道是他，他每年都是头一个打水的人。”

传说，腊八日头一个打水的人可以捞到井底的金马驹。那时候小，真眼热捞到金马驹的人。现在想想，哪有啥金马驹呀，还不是督促人早起，勤劳罢了。

>>> 1 月 7 日

昨天正午时分，我在做饭，不屑意抬头，看见窗外鸡毛似的雪片落落漫舞！待我面条下了锅，出门却已不见雪。整个下午，阴天，森森小北风！入夜，阴，团团云，东南有一颗星宿。今晨，七点十分，掀开棉门帘，天还黑哩，但异常的清冽直扑鼻腔！手电筒光落地，亮晶晶的冰渣雪！仰面向天，眼睑脸颊扑簌簌的凉润，舒服。

>>> 1 月 8 日

快过年了，油坊火了，榨油的人啊，扎堆儿了，满油坊浓郁的焦熟麻籽香味儿！油坊里的人啊，地儿啊，都油乎乎的，榨油的人拖着满桶刚榨的热油晃着白沫子！阳光明亮，油坊门口的电筛子啊，一刻不停，尘灰飞扬，麻籽儿净汪汪地出来了，洒得满地儿乱滚，人走过踏得吱啪啪地响。

炒油籽儿的大铁锅啊，电带着缓缓地转！下面灶膛生的炭火啊，扑闪闪地亮！冒出来的烟气儿呀，呛喷喷地香！炒油籽儿的汉子油腻腻地甩着膀子，挥着铲把子，滤油的婆娘一身油亮亮的脏衣裳，坐在榨油机前，两手两把刷子不停地刷，嘿，多像电视上弹钢琴哩，跳跃，有节奏！

形容撬不开嘴巴，死拗着不说话的人，过去有一句俗语，油梁也压不出个屁来！嘿，这说明了什么，那个压油的木梁啊，非同一般地重若千斤，要不然怎么挤出麻籽儿里的油儿呀！可是现在啊，电带着的机器，呜呜响着；黄澄澄的清油啊，漓漓淌，如爱讲话的人啊滔滔不绝！

>>> 1月9日

喜欢磨坊，新磨的麦面，带点儿甜味儿的，呛人的味道。

正式准备年货，先从磨了新面开头。

磨坊热闹起来。

房脊上落满了麻雀儿，大群大群，呼啦啦飞来，扑棱棱飞走。

磨面的，拌麦的，人多，不争，不急，围着炉子，四庄八村的事儿，碰了面，长长短短喧了个透！

磨坊里的人喊得紧，磨面的人还在皮腾。

磨坊里有火盆，煨了小窑炭，粉尘混合着炭烟味，轰隆隆的机器声，热乎乎，暖烘烘。

外面有搭无搭的雪花儿，下哩不下哩，那有什么要紧。

炉火那么旺，生铁壶里的水冒着白气，小猫在炉脚下的灰里打滚，随即，翻身一蹿，跃上了凳子。

磨了面，还不着急回家。人们烤火，喧谎。磨坊的老板娘是个热心肠。

在磨坊里，肚子饱，身上热，明年的事儿明年再说，眼下是安闲的，富足的。

>>> 1 月 10 日

闲坐烤火，喧起了种苞谷，突然就让我想起了曾经我们庄子来的那个李站长。那是八十年代中期，自从包产到户以后人们基本实现了温饱，但由于种植比较单一，粮食产量不高，虽然不再饿肚子，可是也没有啥经济收入，农民的日子还是过得很窘迫，有的人家连孩子一块二毛钱的学费也掏不出。

那一年县农技中心的李站长来到了我们村，小范围地指导我们种植苞谷套麦子。李站长住在我们庄子上最干净的杨秀莲家，李站长是南方人，他吃的是白生生的大米饭，每顿饭都要炒菜。他自己做饭，一个人吃饭也要摆小桌子。他会笑呵呵用南方话跟我们小孩子打招呼，但是我们太害羞，呼啦啦都跑了。

夏天，李站长戴草帽穿白衬衣，大日头下也每天蹲在地里干活，汗珠打湿了他的眼镜，他掏出白手绢擦他的眼镜。庄子上的女人挤在一起悄悄说，李站长身上有香味。杨秀莲哈哈笑，我知道，李站长每天洗脸用香喷喷的肥皂，洗完脸，还要搽雪花霜，呀，那个才好闻哩，甜香甜香的。女人们听得非常地惊奇。

>>> 1 月 11 日

那天，女人们从大队广场跳舞回来，围在庄头叽叽喳喳。

上庄子的王老二死啦！头两天觉得不得劲，上医院一检查，嘎，晚期了，回家来第二天，人就罢数啦！锅锅也[1]，这么快呀，啥病？肝子上，瞎瞎病，才四十多岁的人呐！哎哟，幸亏儿子娶了媳妇，交待掉了，不然留下婆娘咋活。

日子一晃就过去了。

天亮了，烟囱里冒着烟，羊在圈里咩咩叫。冬闲了，还是一打扮三吃饭。麻雀在冰面上打着滑，啄着冻枣。日头出来了，喜鹊蹲在高高的白杨树梢。大队广场的喇叭响了，女人裹着厚厚的棉衣，跳着山里红。

人生难免不期然的意外，更多的却是活在当下，可以掌控，自主，比如爱惜身体，早睡早起。

>>> 1 月 12 日

---

① 锅锅也：方言，表示惊讶。甘肃武威当地称哥哥为锅锅。

小文不灵光，娶了个媳妇又傻，还乱跑，三婶子老是提心吊胆，怕丢了。去年夏天干脆送回娘家了！小文常年在县城跟着人装修房子，人老实，干活下力，老板对他也很照顾。那天父亲说，娃子天天摸黑回家，不知路上遇到啥了，老说害怕呀，有人跟着他。回家就前后大门都锁住，还用木头扛上，对三婶三叔说，有坏人要来杀他哩！

今天下午我打电话，父亲说：“你妈和你三婶领着小文进城了，找了神婆子给小文算命。小文这些日子也不去干活了，把自个儿的棉袄都剪开了，不住地抖，说是棉袄里藏着坏人哩！”我着急，又把电话打给母亲，她们刚刚给小文算了命，神婆子说了，一眼就看见小文身后跟了三个鬼，都是屈枉鬼！定下了腊月十六日撵鬼，并且安顿三婶子找下三个喜鹊窝，而且还要是三年以上的老窝，在十子路口烧窝驱鬼。

>>> 1 月 13 日

朝阳映红的云朵，白杨树上的鸟窝，一声凌厉的鹊鸣，家家户户房顶上冒出的轻烟。

大年日日临近，外头的孩子们陆续归来，后院拾了一筐干苞谷芯，突然想起好几年没见过老仲家的大丫头了，小丫头更是不曾回来过。我还记得十年前，老仲大丫头抱着孩子回来，说：“我要种我家的地，我也要让我家烟囱里冒出烟来。”

>>> 1 月 14 日

腊月十六，好日子，扫房，打毡，迎接新的一年。

忙活了一年，赶在腊月，里里外外好好打扫一哈，房顶地面旮旮旯旯都要扫一遍的，尤其炕上的席子毛毡，卷出来，晒晒，打打，把积了一年的沙土灰尘敲打干净，好清清爽爽过个大年。

蹲在暖洋洋的日头底下，听庄子上传来远远近近的打毡声，此起彼伏腾腾不绝。这样的声音让人熟悉又恍惚，许多年似乎就这样大步大步腾腾走远。

>>> 1 月 15 日

冬至开始数九，大寒已入四九。

无风的晴天总是那么暖和。

三奶奶家庄墙后，有很多高大的白杨。晴天的午后，总会有很多的鸟飞来晒太阳，叽叽嘎嘎叫。

喜鹊喜欢立在高高的梢头，灰白色的斑鸠蹲在细密的树椏当中，而乌鸦们一见人来，纷纷起飞，绕着树林嘎嘎盘旋。

>>> 1 月 16 日

回家烺年馍，母亲打发我去三婶家取东西。到了老庄子，街上空无一人，十家有九家大门紧闭，挂着生锈的铁锁子。想起念书的那时候，老庄子上好多的娃子们，一放学，整个街上喊得掀掉房笆哩！还记得奶奶活的时候，她坐在炕上撕羊毛，我们呼啦啦进了屋，奶奶就撵：“哎呀呀，耳朵都让你们嚷聋哩，破烦得，出去大街上玩去！”我很奇怪：“破烦是啥？”

少年不识破烦，待识破烦，已是人到中年。

>>> 1 月 17 日

赶的祭灶，大屋小屋旮旯屋，里里外外打扫干净。

整整忙活了一下午，后晌，老陈一身尘土进了门，顾不得洗脸：“走，给老李家算枣儿。”

过年不能欠人家钱儿。

李嫂子是个利索人。我们进屋，嫂子本来刚要下面。“呀，你们来了，吃羊肉斜尖面。”话音带落，转身去端肉。冬天没啥菜，就三月、萝卜。赶上城里人的饭，会问：“吃过了吗？”乡里人不这么问，赶上饭，直接端给你吃，不吃，硬揣硬搡，碰上了就得吃。

还有个说法，丢了羊儿丢了牛，不管上庄下庄，找牲口的人碰上了饭，就是好兆头，吃口热饭，出门羊叫唤。

>>> 1 月 18 日

大姑来了，给老爹买了两双鞋，搁下鞋她就着急走，说凤凰还在大门外等哩。她说：“凤凰要跟我镇上转来，领她到大街上溜了圈，冷，买了一碗糖油糕吃了！”我说：“为啥不让凤凰进来呀，这冷汪汪的天！”大姑说：“让她来，她死活不肯来，由她去。”我出门找，老远就看见凤凰站在墙根下晒太阳。我喊了声：“凤凰！”她笑，她是不认识我的。我又喊，她还是笑。我说领她进屋，这儿冷，她只是笑，不搭话。十好几年了吧，头一次见到凤凰，王大头从青海领来的媳妇子，刚下车，我们在桥头碰见的。王大头三十八岁，凤凰十九岁。黑豆豆眼儿小嘴嘴，模样儿非常地俊。穿洋桃红呢子大衣，系油绿围巾，一双枣红色高跟鞋，小脚脚，细尖尖。再见到凤凰时，她怀里抱着儿子，一个虎头虎脑的娃。凤凰还是黑豆豆眼儿小嘴嘴，只是衣裳又旧又脏，趿拉着鞋。人们都说，凤凰就是凤凰，只是只瓜凤凰！我们这儿说傻，男人叫勺[1]，女人叫瓜。其实凤凰真名叫郭凤花！如今，凤凰的儿子也十八九了，不念书，早早出门打工了。老子懒，娘瓜，儿子却是长得高高大大，人也机灵，肯下力，挣了钱，给娘买新衣裳，给老子买烟。过年回家来，打扫屋子，喊庄子上的婶娘教他腌白菜，炸油馃！

>>> 1 月 19 日

① 勺：方言，傻。

哈哈，只是夜里的一场小雪，无前奏，也无后续，干脆利落！天亮天晴，寻羊问狗。羊儿穿着它们的羊毛大氅，嘴里嚼着干草，一点儿也不怕冷。狗哩，蜷卧在干草下，不细瞅，还看不见！“大黑，大黑，起来，你这个贪睡的家伙！”墙根下长长的木头椽子，剥光了皮，敷上了一层白雪，来不及搽匀。最可笑的就是旮旯拐角处的两个老坛子，张着黑洞洞的大嘴，想说啥又说不出。

>>> 1 月 20 日

好天气，西庄的李大奶和黄三奶转来了，正好大奶奶也来了，于是几个老婆子就坐院子里喧起来了。

喧着喧着竟然喧到了她们出嫁那阵儿！“哎哟，那时候的大姑娘啊，哪里像现在的年轻人，谈恋爱，媒人来了一说和，条件差不多就双方见面，哟，把人领来了，羞得哪里敢望啊，偷偷乜了眼，过后我跟我妈说，‘脸黑！’我妈说，‘白脸奸黑脸忠，只要没麻子，高大个子黑脸膛，干起活儿一顶俩！’嗯嗯，给了六十块钱的彩礼，扯了身新衣裳，就嫁了呗！”

“哟，我们那阵儿，爹许了话，我连个面儿都没见。结婚那天，吆来了大轱辘骡车，骡子头上绾着红布，放了挂鞭炮就娶过来了。三天后，回娘家，在对月，结果进了门，炕上的新毡、新被子都没了，我问东西哩，婆子说，借人家的，还了！你们还给彩礼了，我那时候他家答应下的一只羊，结婚三四年了，丫头儿子两个了，我娘家连根羊毛都没见着！”

“人说变牛变马不变个老大，我跟了个老大，他弟兄们六个，一大家子，光是缝穿戴啊，单衣棉衣鞋啊袜啊，也是个大阵式！给他们一个个媳妇子娶了，哼哼，到了新社会，家一分，谁过谁的日子去了，你老大剩的个光屁股铲茄子，啥都没有！”

>>> 1 月 21 日

腊月二十三，是祭灶的日子，过去说，家里有几口吃饭的人，都要在今天赶回家来，因为灶王爷今天要数人口，向上天汇报。如果有人出了远门，错过了祭灶的日子，灶王爷漏报了人口，这个人明年是将要挨饿的，老天爷没给你预备哈口粮的。

我们小的时候，是很相信这样的话的，现在你给孩子们喧，他们却是不肯信的。

孟小燕说："儿子今年要回家了，两年了没回来，不想家？我就不信，他是吃野麦子长大的？"

>>> 1月22日

每一年的腊月二十三一过，庄子上的女人们，都是在蒸蒸炸炸洗洗涮涮中忙碌。

几乎从我记事起，这样的腊月不曾改变，我在其中，安于这样的忙碌，享受这份不变的踏实。

天气真是好啊，房檐下，旮旯凹，有我的一墙好日头，忙里偷闲，一晌贪欢。

看新擦的玻璃，亮晶晶的，看晾满绳子的床单被套，在明明晃晃的日头下，悠悠荡荡。

为了过年，我们起早贪黑地忙碌，房屋彻底打扫干净，蒸满筛子的馍，炸满缸的油果子，杀鸡宰羊置办年货，还不忘大人娃娃穿身新衣裳！一年才过这么一次年，出门在外的人都回了家，亲戚朋友聚一聚，一年到头的很少见面，也就是过年，大家伙儿坐一起，吃喝玩乐喧喧说说。这样想想，为了过年，这所有的忙碌都是那么真真切切地值得。

如果不过年，天天就那么过日子，那该是多么地乏味。

>>> 1月23日

一个平常的早晨，太阳款款升起，烟囱里冒着浓烟，小路上撒满新鲜的羊粪。

>>> 1 月 24 日

一锅卤子，够一个庄子。

昨天后晌从老马家接来卤子，卤猪肘子，卤鸡大腿，今个儿一早，捞出了卤鸡。

鸡头鸡翅鸡身鸡脚，咦，两只鸡应该是四只脚呀，满锅卤汤翻了个底朝天，还是少一只鸡脚。

“说，谁半夜偷吃啦？”

老陈慢吞吞吐了口烟：“没吃。”

问儿子，问丫头，个个睡眼蒙胧：“唔，没吃，没吃。”

哼，这巧怪，煮在锅里的鸡脚跑了不成。

罢了罢了，赶紧儿给老马还卤子，老马接了锅，开玩笑：“锅底还有个鸡大腿！”

“哈哈，留给你吃。”

回来洒水扫地，咦，这是啥？啊呀呀，原来这个鸡脚，躲在了灶门下！

>>> 1 月 25 日

庄稼人就是嗨，平日忙活，马马虎虎，赶上过年，嗨吃嗨喝。

满锅的卤肉，满筛子年馍，满缸的油果子，不要说一正月不下炕，三个月不下炕也有吃有喝。

>>> 1 月 26 日

很多的时候，在车上，在大街上，在人多的场合，我喜欢观察人们的鞋子，各种样式各种材料的鞋子，尤其在冬天。如今生活条件好了，人人都有合脚暖和的鞋子。不论是讲究的城里人，还是将就的乡里人，有大棉衣穿，有结实的棉鞋，我真的很是高兴，心底里的高兴！老是会想起小时候的冬天，冷，白天白地的雪，我们都穿母亲做的条绒棉鞋，暖和，但不经穿，也许是做孩子时爱跑爱跳，才费鞋。好多孩子等不到过年，棉鞋就破了，出去玩，冻脚。冻肿了，烤热，就是难耐的痒，脚心又抓不得，着实难受！

我还记得上五年级的那个冬天，母亲给城里一人家姑娘缝嫁衣，那人家给了一双棉皮鞋，黑色，猪皮，半高跟！虽然是旧的，可那时候的乡下呀，就是稀罕皮鞋。我要穿呀，我脚冻，我要穿皮鞋！棉皮鞋我穿真的是有些大了，母亲在鞋里塞了好多羊毛，我才勉强能穿。于是之后的整个冬天，我一直踏哧踏哧穿着那双棉皮鞋，不知道搽油，鞋尖磨毛了，发白。至今还清清楚楚地记得，鞋帮子上密密的猪毛根眼眼儿。

>>> 1 月 27 日

这就要过年了，又下了一场雪。雪后天冷，难觅食，鸟儿们受罪。庄前屋后，麻雀的小脚爪，细碎，凌乱，人一近前，扑棱棱飞啦。喜鹊是急性子，大的脚爪，马虎而潦草，一蹦一跳，喳，喳，喳！野鸡却是极怕人的，连飞带跑，雪地里一路蹋踏远去！当然了，还有狗啊猫啊，狗的身子重，脚印深，一串清晰的梅花花！猫是鬼精灵，踮了脚尖一溜而过。大门底，墙根下，夜里的小鼠，悉悉索索。

>>> 1 月 28 日

紧追慢赶，跟头马勺年还是到了，腊月三十早上的羊肉臊子面，晚上的大锅肉装仓！据说这一顿要吃饱，来年就饿不着肚子。

“大年三十神鬼乱，晚上大人娃娃不得乱窜！端肉敬神敬先人，放大炮小炮吓鬼！院门却不宜关，要大开迎及时风哪，若关得早，明年夏天扬场就没风。饺子包了没？多包些哟，明天得够吃，大年初一是不动菜刀的！屋子里地儿扫干净了，大年初一是不拿扫帚的！哎！别睡，大年三十晚上是不能睡的，要守岁，才添寿！”

“好啦好啦，老妈，知道了，再别啰嗦了，听，谁家放炮哩。”

>>> 1 月 29 日

大年初一，五更里起来燎天蓬！

燎天蓬素来也叫燎百病，火堆燃起来，鞭炮放起来，庄子上的大人娃娃绕火堆跳来跳去，身上穿新衣，手里拿年馍，嘴里还要跟着大人念：“东去东赢，西去西成，百病消散，牛羊满圈。燎干净，燎吉利，新年平平安安顺顺利利。”

>>> 1 月 30 日

今日大年初二，是拜外父的日子！

尽管公路上白花花光溜溜的一层雪，可人们拖家带口地跑地那个欢实，小汽车，三轮车，摩托车，来来往往，一派过年的喜气洋洋。

>>> 1 月 31 日

（二）打春十日背阴消

大年初三，要早起，扫院子，不脏也要象征性掠一遍，然后到院门外拣一鸡蛋大的圆石头，回屋丢火炉里，烧着，要打醋炱，等石头烧红了，夹到铁勺里，赶紧儿浇半碗醋，滋啦啦！一股白气升腾而起，满屋子顿时呛彭彭地散发出酽酸味！快！趁热每个住人的屋子里熏一遍！

>>> 2月1日

大年初二回娘家，初三看舅老爷，今个儿初四，走的是大姑小姑家！

每年都是这样，要么吆喝小姑，我们一起去大姑家，要么带上大姑，我们去小姑家。

一早小姑打电话，肉煮熟了，让我们早些来。打发丫头去喊婆婆，婆婆不去，让我们去。我问丫头：“今天你要写作业，去不去？”丫头立马抱了作业本：“作业要写，小姑家也要去！”

我们开车去沙窝拉了大姑、婷姐、辉哥儿，一车人欢天喜地去小姑家。

小姑是个利索人，等我们进门，好家伙，一大桌子的菜，有猪头压肉、卤猪蹄子、红烧排骨、黄焖羊肉、大盘鸡、大盆鱼，接着，又炒了鸡蛋木耳肉，滚了砂锅肉丸子，拌了粉丝豆芽、蒜泥黄瓜。

大后晌，小姑又给我们做了拉条子，拌上她秋天做的茄辣子酱，就着酸笋子，嚼一瓣腌糖蒜，哈哈，那个过瘾！

送大姑回家，天已擦黑，沙丘下，柴墙外，新月如钩。

>>> 2 月 2 日

大年初五，补丁日，吃补丁饭，擀大张面，补天补地补窟窿！面擀开了，不能用切刀，得用手撕，撕一块，补天，来年风调雨顺；又撕一块，补地，来年五谷丰登；再撕一块，补窟窿，去年的欠缺，今年全补上！

>>> 2 月 3 日

大年初六，牲畜日，牲口圈门上贴“六畜兴旺”，放鞭炮，鸡喔喔，猪哼哼，羊咩咩，驴啊啊，马咴咴，只有牛儿不惊不乍，嚼着草摇着尾，缓缓哞儿一声！

>>> 2 月 4 日

大年初七，人日。早上，天气好，娃娃活旺；中午，日头红，中年人精神；下午，天色晴，老年人健康！饭食：拉条子，吃长面长寿！

>>> 2 月 5 日

大年初八，五谷日。看天气：晴好。麦子、玉米、高粱、谷子、豆子，掺一块儿，供在桌上，化表上香，五谷丰登，粮食满仓！饭食：黄米干饭。

>>> 2 月 6 日

大年初九，瓜果日，天气晴好，来年瓜果丰收！

>>> 2 月 7 日

大年初十，蔬菜日，天气晴好，今年蔬菜长得好。午后刮起不太大的东风，夏菜防旱！旧话说过了大年初十，家里没了年食！如今蒸的年馍、炸的油食、置办的肉菜都还打堆儿哩！

“瞧庄子上的这些媳妇子们，打扮得那么花俏，嘻嘻哈哈一群看社火去了！剩了我们这些老家伙，坐在南墙根晒太阳！”

“嘿嘿嘿，你老家伙一个年过得，吃得腮帮子汪层油哩！”

2月8日

早上起了风，开春的头一场老风，晌午，就刮得昏天暗地。风大火旺，炕格外地烫，人躺在热炕上，隔墙能听得见烟道里的风呼堂堂响。

一觉睡醒已是大后晌，风还没住，扭头瞅，窗子外头一片毛洞洞。趴在炕头吃虾片，咯噌咯噌。想起了小时候头一次吃这东西，还是在霞的二叔娶媳妇那天。一伙娃子们被安排了一桌，上一道菜扑一桌子抢，上了一盘虾片，个个认不得，还没顾上细嚼慢尝，就抢没啦，只剩下盘子底上几粒白砂糖，尕秋子还一把拽过舔了。咂咂嘴巴上的甜味儿，问老大爷："刚才那暄泡泡的东西叫啥？"老大爷笑眯眯地告诉我们："虾片呀，好吃不？"

从那以后，我们就老是想起虾片，大家伙儿都表示如果再能吃一次该有多好。我一来劲儿，不识好歹放出大话："等着吧，等我二叔娶媳妇，让你们吃个够！"于是在很长的等待里，还会有人时不时问我，你二叔啥时候娶媳妇？

等了一年还是两年，终于等来了我二叔娶媳妇。但是，很糟糕，我们吃完了席上所有的菜，还是没有见到虾片！问老大爷，老大爷笑眯眯地说："没有置办虾片呀！"

可想而知我当时有多么地懊恼。还好，娃子们并没有再嚷嚷虾片的事，而我的新二婶给我们每人一个花手绢，在当时也是非常新鲜的事儿。

>>> 2 月 9 日

三婶家后墙这棵大榆树，还是打庄子那年栽的，那时候，还没包产到户，爷爷奶奶还在生产队挣工分。

我出生在老庄子里，老庄子远离居民点，平常很少见生人，在我家没有搬到居民点上来的时候，我是不敢出大门的。

后来，我们也要上居民点，生产队统一出工给我们盖房子。我头一次领着弟弟到居民点来，我避开大人们，在一处夹道碰到了一伙娃子们。有个高个子丫头笑我弟弟罗圈腿，还给他起了一个浑名。那时候，我也就是四五岁吧，本来就胆小，她们一笑，我更加害臊，拖着弟弟就要走，偏弟弟不知事，还跟着嘻嘻笑。

>>> 2 月 10 日

晚上，三婶炒了豆子给我们吃。想起了生产队那时候，种很多的黑豌豆，豌豆混小麦一起种，收了豆麦，磨了粉，名曰和和面。五月尾巴儿上，正是吃青豆子的好时候。人闲嘴巴馋，看豆子的姜瘸子最头疼的就是庄子上的这伙小鬼们。吃豆子事小，攘踏麦子事大。所以年年到这个时节，瘸子格外地操心。南生地儿大着哩，地东头小三儿他们脖子一扬，昂昂学驴叫。瘸子拖着腿子就往东跑，地西头沟洼里候着的娃子们呼啦啦扑进了田里。

麦穗还是青的，麦芒也是柔柔的，并不扎人，麦秆上缠缠绕绕的豆秧，结着鼓鼓的青豆荚。都不用剥的，揪了直接塞嘴里，连皮儿一起嚼，满嘴的甜甜的青草味儿！

一入了田的娃子们，就像扑进青苗田的羊，并不一处儿吃，而是这儿叼一嘴，那儿啃一口。娃子们四下里跑着，叫着，嚷着，吃着，简直玩疯了，有的还就地儿打起了滚儿。正在兴头儿上，姜瘸子进了地，手里挥着白杨条子。“反掉啦，你们这些碎怂娃子，皮给你扯脚巴骨上哩。”娃子们惊叫着四散逃窜，跑不及的，被树条子掠到了头，又是一阵喊爹叫娘！

锅锅也，只要出了田，我们又胆大了。知道瘸子是撵不上我们的，领头的小三儿首先喊：“姜瘸子，不要脸！张兰英！”我们一起跟着喊：“姜，姜，姜，姜瘸子。张，张，张，张兰英！”二三十号娃子们，那个声音震红天哩。

这时候的姜瘸子一瘸一拐出了田，缓缓扔了白杨条子，颓然地蹲在了地头，一声不吭。知道我们喊的是谁吗？就是姜瘸子的嫂子！姜瘸子是光棍，他哥死了好多年，她嫂子带着两个儿子没有再嫁，一直是姜瘸子帮凑着过。那时候的人们是多么的封建呀，连孩子们小小的内心也是受了那么深的毒害，能够说出那么恶毒的话来！

>>> 2 月 11 日

年过罢，天气是见日儿地暖和起来，这打马就要种田啦。

天亮得早，鸟儿叫得欢，羊儿饿得早，人也睡不着了，最赶人的还是庄墙外，大路上，谁家的拖拉机发动着啦，腾腾腾直响！

让你睡，让你消停，别人家赶的地消冻，一遍破头磙子，整得展堂堂，绵墩墩，又保墒来又泡骚！

>>> 2 月 12 日

今天是正月十五，外出游百病的日子。

吃罢晌午饭，庄子上一伙女人们吆喝着去东沙窝。

曾经的东沙窝与我们的田地隔着一条茫茫大沙河。夏天河里有水，水里有鱼，河畔丛生着非常茂密的红柳沙竹，大片的芦苇，苇塘里还有长脖子雁，秋天割苇子的人到了跟前，惊了雁群，顿时，黑麻麻的大雁呼啦啦飞上了天！

靠近大沙河的东湾子，是不能种庄稼的，白光光的碱土滩上，一湾一湾黑乌乌的沙枣林子，人赶着羊群进去，枝丫蔽日，鸟雀喧天。那些老沙枣树上，结满了红丢丢的沙枣，嗨呀，一

杆子敲上去，啪啦啦的沙枣像下雨哩！

如今，大沙河干枯好多年，植被零落，曾经的沙枣林子也砍伐殆尽，平整成了大片大片的荒地，种苞谷种麦子。

又是好几年过去了，当我们今天来了，荒凉的大沙河也变了模样，推平了河底，新筑了河岸，树青婶子感叹：“啊？啥时候整了这么大的工程啊！”人走在河底，大日头下比蚂蚁还小！

我们翻过了大沙河，穿过荒地。荒地上不见一棵沙枣树，喜鹊把窝搭在高高的电线杆上。过了荒地，迎面来了更大的工程，茫茫沙滩新修了一条高速公路！公路还未通车，白晃晃的日头照耀着新崭崭的大路，特别壮观。

宽子媳妇说：“顺着这公路一直走下去，能不能到北京？”

>>> 2 月 13 日

打春了，黄鸟叫了，年也过完了，懒妇也要下炕了！

白寡寡的地头，是谁吼了一嗓子！惊了圈里窝了一冬的灰骟驴，撂了蹶子！满地儿撒欢，尘土飞扬。

>>> 2 月 14 日

哑阴的天，早上的口头，像刚夹出炉子的火蛋儿，猛个丁儿一着冷，似乎有嘶儿嘶儿的声音。

毕竟打春了，冷的空气里含糊着隐隐潮气。榆树细密的枝丫，缀满了点点花苞。

远处的电线上，蹲着一只灰不溜秋的斑鸠，包咯——包咯——

>>> 2 月 15 日

阴洼里的冰碴子消了，枯草淋了冰水，湿漉漉地发亮。走在灌了冬水的土坎地里，脚踏下去，泛起溏绵的白碱土，一冬无雪，土地表面冻得酥脆，下面的土壤却板结着。走出村子很远了，还是听到了一声悠长的鸡鸣……

>>> 2 月 16 日

连日扬沙天气过后，光溜溜的大地一派清明沉静。离惊蛰还有些日子，阳光普照，偶尔一声响亮的鸟鸣，脱下皮袄的人们，扭了扭有些僵硬的腰板，搓搓手腕，粗大的手骨节咯叭叭响，迎日头张嘴一个长长的哈欠。

>>> 2 月 17 日

天热了，坐在炉子前，觉得闷腾腾的燥热。坐不住了，地上干阵子活，松洒一哈。拎上耙子出了门，地上悄楚楚的不见人。

可不，真热了，老话说，打春十日背阴消，这浇了冬水的地里，羊蹄窝都湿透了！日头硬，耙了几哈身上就渗出汗了，顺手脱了棉褂子。刚拾起耙子，汗湿的后背又觉得冷嗖嗖的。有风。哼哼，学藏民，斜搭皮袄长袖绾腰，哈哈，暖和又展刮！

>>> 2 月 18 日

我在院子里晒太阳，那个跛脚的斑鸠又来吃苞谷籽儿。

只见它悄无声息地飞来落在对面墙头上，耷拉着一边的翅膀，跛着一只细爪，警觉地四处巡了圈，确定安全，才又轻轻飞到了院子里。

我经常从窗子里看见它来院子里吃苞谷籽儿，并且还会到水窖口啄冰块。我是不轻易惊动它的，我也认出来了，它就是去年秋天后院墙头那个受伤的小斑鸠。

很明显，它的翅膀和爪子没有恢复好，也可能永远就是这样子了，但是很幸运，它还活着，度过了一个寒冷的冬天。

>>> 2 月 19 日

一早我们去荒地上赶羊，节气到了，要准备拾掇地，羊群也要回家进圈了。

但是羊们不知农事，依旧赖在滩上不出圈，不想回家。滩上多展阔啊，撒开蹄子就跑，碱蓬草多有味道啊，由着嘴儿就嚼。“咩咩咩，我们不要回去，咩咩咩，我们不要被关在狭小的后院里，早晚嚼着干巴巴的苞谷秆秆。”

哈哈，不宜惯的东西，不想回也由不得你们啊。活人还不得自在哩。“老三，来，一人牵一只，抱上车，老陈家的，绳子拿来，请着不走捆着走！”

顿时圈里羊群大乱，上窜的，下跳的，母羊找小羊的，咩咩咩叫个不停，还有圈墙外，干草垛上的麻雀儿，也着急了，叽叽喳喳乱嚷。

还是老争好脾性，拍拍老羊，摸摸羊头，“乖，听话，别害怕，我们带你们回家”。老羊似乎听懂了，挣扎得没那么厉害了，小羊羔们也不再惊慌失措乱跑了。

>>> 2 月 20 日

秋里偷了懒，开春是个害！

看看，跟老马家地靠地，她家地里拾掇得干干净净，我家却是秸秆地膜苞谷根头，一片杂乱。

老陈开着拖拉机，带着铁耙，前头耙，我拿着耙子，后头跟着耙！真是平常没准备，一紧忙了就顾头不顾脚，赶得鸡飞狗跳！

天真的暖和啊！地埂畔，枯草下，新芽已冒尖尖绿。

张二哥扛着铁锹过来了。丫鬟不吃剩饭，迟早还是她的！

>>> 2 月 21 日

昨天地上还悄楚楚的，今个儿四轮子就吡腾腾了。耙地膜的，刮地的，急性子的树元两口子已经开始播化肥了。“早上才耙了地膜，下午就播肥，你们不犁地吗？”“不犁了，化肥播上捂几天就下种！”深犁地，浅种田。过去人们秋天要大铧犁地，深翻，晒土。赶天冷灌冬水，再犁一次，土里的草根蛆虫都冻死了。开春套石滚子打地保墒，惊蛰小铧浅犁，赶春分播种。如今的人种田粗疏了，有虫打杀虫药，有草冲除草剂。以前说多犁一层，顶个放粪。哼哼，现在有的是化肥，多撒三五十斤，田苗油光水绿。

>>> 2 月 22 日

院子里没人，两只鸡卧在桌档里歇凉，猫在桌子上的红柳筐子里晒太阳，睡觉。

猫好像一年到头怕冷，喜日头。一只鸡怕生，见了我，跳下桌档，抖抖浑身的羽毛，摇摇摆摆走了。还有一只鸡，安安稳稳卧着，猫不动，它也不动。

我走近，猫睁开眼睛，喵了声，伸了伸腿子，挪了挪身子，蜷得更舒服一些，继续眯着眼，睡觉。

整个院子里静悄悄的。

谁说时间不等人，这会儿，就在这旧院里，时间也忍不住打了个哈欠，丢了个盹。

>>> 2 月 23 日

天气越来越热，大雁也从南方飞回来了，几乎每天都能看见成群结队的大雁飞过我家院子，嘎噢——嘎噢——

也许是远路风尘飞累了，也许是初来乍到不适应，大雁们的队伍有些凌乱。但是它们目标明确，不涣散，不停歇，一路向北。

沙漠气候，白天热夜里冷，今夜你们将栖息在哪个苇丛湖畔？

>>> 2 月 24 日

刮风，看书，吃沙枣。

在库房翻到一本《宋诗三百首》，有注释、评析，还有典雅的水墨古风插画，喜欢。

呀，竟然还有包拯的诗，总以为包公就是故事中的人物，俗称包爷、包黑子。

想起了以前父亲给我们喧的一个古今，包爷生哈的个犟儿子，包爷说东他朝西，包爷说天他说地，父子俩犟了一辈子。包爷临终，留下遗言，打石头棺材，北山坡下埋了。

儿子还是要犟着来，准备打木头棺材，葬南山坡下。家里人苦苦哀求道：“儿啊，你跟爹爹犟了一辈子，现在就看在爹爹走了的份上，听爹一句话吧。”

儿子沉默半晌，最终仰天一叹，听了爹爹的话，打石头棺材，葬北山坡下。

唉，包爷英明一世糊涂一时，原以为儿子犟，总和自己打反锤，故意正话反说，没想到却被家人劝和，信了他的话，害了他，一时难以投胎转世。

石头的棺材多么坚硬，北山坡下又是终日不见阳光，包爷在地下干急不得意。就这样过了一年又一年，整整六十年一甲子。一日山下来了一牧童，包爷地下大喊，小犬，我包爷啥时候出世啊!

牧童左右不见人，以为哪个伙伴跟他玩闹，故意大声耍他，等驴子头上长了角!

哎呀呀，驴子头上不长角，世间从此不再有包爷。

>>> 2 月 25 日

喜鹊在高高的白杨梢头干叫了两声，天空愈发清荡荡地蓝。三婶在后院晒牛粪，新鲜的牛粪，刚冻了层薄薄的冰麻儿，一木杈一坨，扑腾扑腾上了草房。牛粪，可真是好东西，晒干了，拿手里，酥轻，点着了，暖烘烘的干草味，蒸的白面馍，那个暄！牛粪火焰耐着，不烈，无烟。

>>> 2 月 26 日

年年到这时节，别人家是春江水暖鸭先知，我们是天气暖和肉先知，大冬天冻得硬邦邦的羊肉猪肉，这会儿，悄然苏醒，解冻。

架火，炒肉，炒肉。

去年炒肉，好多人就说：“不能少存些肉，吃新鲜的吗？”不能啊，乡下不比城里买起来方便，还有更重要的是，瓷盆里存着肉，心里踏实。剩余剩余，不剩何来余啊。

老二妈说，怪的很，有馍的日子不觉饿，一旦家里没馍啦，格外地饿。

>>> 2 月 27 日

沟坡的干草下，隐隐有了绿。

地头的枸杞棵子上，两只雀儿，唧啾唧啾叫得那个欢实。

一交冬热炕上窝乏了，干一会儿活人就困，向阳坡日头正好，丢展刮睡一觉。

>>> 2 月 28 日

（三）升地脉的时节

老话说，早上过了惊蛰，下午套铧犁！可今年的天气，自打了春，风就没歇过，前儿落了雪，今早天还没晴透，日头翻着冷冷的眼白，清嗖嗖的风，地上有残雪，有人缩着脖子，手笼在袖筒里慢吞吞走过。

>>> 3 月 1 日

阳光温暖，渠里的河水闪着粼粼波光静静地流淌。公路边红白相间的警示石栏从车窗一晃而过，大大小小的汽车平稳而有序地行驶。惊蛰过了半，土地松酥发白，有农人扬鞭牵牛开犁，歇了一冬，人和牲口都有点急性儿，又有点生疏，响亮地吆喝一嗓子，遍身的通透舒坦。

>>> 3 月 2 日

不要这么瞪着我行吗！

前蹄子还不停地跺地，极用力地跺，在硬邦邦的羊板粪地上，一下一下，嗒哧！嗒哧！惊得弯脖脖咂奶的羊羔一颤一颤。

我到后院找耙子，一只奶母羊对我的不速造访非常不满，并且极其警惕。

>>> 3 月 3 日

过去我们吃菜是要留种子的，开春栽萝卜，有绿头萝卜、白萝卜、红萝卜、水萝卜，都是头年秋天择了存哈的。还有白菜，栽根，带叶心。栽蒜。茄子辣子是夏天头茬结的，不摘，紫茄子变黄，绿辣子转红长老。还有葱，小葱大葱，那时没有洋葱。小葱夏天结籽，大葱结角，我们把角念“粿”，抽苔结的葱粿子，模样有点像蒜瓣，个头却小得多。秋里栽哈，操心壅土，二年秋里挖，大葱味道烈，滚羊肉臊子汤。留下籽种来年种，往后的日子长料虑①。

>>> 3 月 4 日

现在已很少见地里摆粪堆了。这是卢家的苜蓿地，卢二爷拉哈的羊板粪。以前正月十五过罢，勤谨人家就开始翻粪。后粪场子上堆着一交冬从圈里挖出来的羊板粪。用镢头砍刨下来，再拿榔头打碎，锤绵。后正月的粪场上，杵腾杵腾之声此起彼伏，不绝于耳。新翻开发熟的粪，冒着白气，散发着酽荡荡的胡椒味！赶着地消冻，拉到地里摆开。一过惊蛰，准备下铧。早起散粪，饭罢犁地，就是老哈数。

>>> 3 月 5 日

冷，日头瞪着斜白眼。撒化肥，手冻脚冻。没带火柴，拢不上火。新犁的地里白麻麻一层霜，四野有雾气笼罩。

正是升地脉的时节。

>>> 3 月 6 日

① 长料虑：方言，长远考虑打算。

这是今年来的头一场沙尘暴！老天爷不吱声，闷了几天，终于呼啦啦抖开嗓子吼将出来。风来了，就地起沙，漫天飞扬，紧接着，黑云蔽日，天昏地暗，干活的人们撂下家什，纷纷跑到农场大门前避风！迎面跑在大风里，沙子毫不客气地砸在我的脸上，耳朵里灌满了呼呼的风声，我咯噌噌咬着嘴里的沙子，内心充溢着说不出的激动，好风，刮得过瘾！这才是我们的春天该有的模样，风不刮，芽不发。

>>> 3月7日

有风，东北猴，冷得削鼻尖！赶得紧，铁牛顶过五个老黄牛，一晌犁了八亩地，散工到了一点半！早上冻得打颤，晌午又饿得打颤，为啥庄稼人得个好身板，力气活，饿得快，身上没膘腿打颤！话说宁叫饿人吃饭莫叫饿人做饭，饿极了，嘴里嚼着馍，手里揉着面，一狠心做了五碗黑拌面，我和老陈，他吃了两碗我吃了一碗，还剩三碗，谁来帮着吃啊？

>>> 3月8日

早上惊蛰抬了头，下午吆牛下铧头！

看，铁牛晒到大门外了，心急的人家地也旋了，湿润的土壤，新鲜的车辙，一切都是那么亲切妥帖！

就喜欢开春新消的地，地脉升腾，墒情保存，走在大块的地里，脸上有风，春风！身上有劲，干劲！来吧，不翻几个滚，还能算个春天吗？

>>> 3 月 9 日

整个早晨，我独自在地上撒化肥，没有见到一个人。机井旁的那棵老杨树上，新添了几个鸟窝。

城里的土地那么金贵，多少的乡里人啊，丢下了自己的大片土地，奔向城市。

地上的大树越来越少，鸟儿们低飞徘徊，谈恋爱的季节，何处双飞双宿？

西来的风终日地吹，大地干裂，失了言语。

>>> 3 月 10 日

正是春耕大忙时节，地上干活的人却稀稀拉拉，全然没了过去人欢马叫的繁忙景象！

这两年种庄稼没效益，人们越发失去了信心。种不种，摇摆不定，种啥呢，心里没底。

一早进来了两个人，错前掖后，都是打问社保卡的事，老朱说今年林场的地也不种了，就家门上种两块麦子苞谷，交待给老婆，自己上新疆打工去。还有赵四，干脆不种地了，两口子都要出去。我问，上哪儿，赵四说走内蒙。

忽然就想起了过去爷爷辈的那些人，挨饿的年代，上新疆的，走河套的，很多。小时候也常听人说口里口外，那些投了河套的人，如果听说谁家来了老家人，都会奔走相告：“快看呀，口里来人啦！”

>>> 3 月 11 日

天气多么地晴朗，风儿吹着我的脸庞。一只鸟儿飞来，轻轻落在了我的田埂上。

正是春风横种田的时节啊，你们为什么这么着急，背起了行囊，离开熟悉的村庄，走向未知的异乡？

我独自在我的田地里干活，我故意把油门开到最响。哪怕你们都走了，我也要守着我的田地，在种田的日子，干出热火朝天的景象！

早春的沟畔，杂草枯黄。散粪的老汉，头上冒着热气，弯腰挥锹，衣襟飞扬。谁家的新媳妇呀，也上地来撒化肥，系着红头巾，挽着红柳筐。

灰骟驴拴在后院，吃饱了草料，朝着日头，昂昂大叫。然后抖抖身子，甩甩尾巴，腾地放了一个大屁！立在墙旮旯的生铁犁，忍不住笑了，犁尖在日光下闪闪发亮！

>>> 3 月 12 日

真的，不是我不好好干活，这只喜鹊，它一直在戏弄我。

它一点儿也不怕人。

我在耙地，它就在我旁边，左顾右盼，不时还装模作样啄啄地，假装它在捉虫子。

对喜鹊没啥好感，就它的长相，活脱脱一个狡猾轻佻的小妇人！它的品行，嗨，贼得很！不光我说，庄子上的人都说。

喳喳喳！

>>> 3 月 13 日

葱啊蒜啊，我今年是不种啦。

这家伙东西靠不着，值钱儿啦，成了金疙瘩；不值钱儿啦，臭得像一泡狗屎，给羊吃，都甩头哩！不如种上些苞谷麦子，一年下来，还能混个肚儿圆。

“嗨呀呀，你说得轻巧，门头高的儿子还没个媳妇子，光我们俩老鬼混个肚子能行吗？”

“不行咋呢，你老腰苦折也给人家挣不来个楼房钱！罢了罢了，儿孙自有儿孙福，不为儿孙置牛马。”

哈哈哈，也是实话噢。可是话是这个话，谁家爹妈能放得下。

累了，蹲埂子上抽根烟，也就闲谝两句，起来拍拍屁股，该干啥干啥。

>>> 3 月 14 日

也就三五日吧，地上大变了样。

歇了一交冬的土地，拾掇得干净，平整，有序，多数人家的麦子已播种。

艾苓那天说：“为啥不多种树啊，绿树成荫多美。”哈哈，诗人赏的是美景，农民图的是好收成。地头栽了树，树大根深叶茂，夺了庄稼的养分，占了庄稼的阳光，为了多种一行麦，甚至不惜削地埂，闹得相邻翻白眼。

地上的树越来越少。今日路过南沟，唯一的三棵连根树也被人烧了，不光烧了根，还剥了皮。唉，不就是为了多收一把麦子吗？

>>> 3 月 15 日

播种还是手扶机最灵便。

歇晌午的空儿，三爷爷抽着烟，笑眯眯地盯着他的老手扶机，“哼，我这小跳马还是农业社的东西，包产到户作价二百块钱。哼哼，那时候！”

>>> 3 月 16 日

一切都应该是春天的模样，风和日暖，松叶返青，柳枝轻柔，宽敞的大路上，跛脚的婆婆领着蹦蹦跳跳的小孙女，后头跟着年轻的儿媳妇，儿媳妇穿着红堂堂的新衣裳。

麦子种上了呵，紧阵儿过去了，庄稼人的心也松了弦。镇上转一趟，走呵，吃碗瓤皮子，来一盘糖油糕。

天气是真热了，该换单鞋啦，听说张呼郎的摊子上，一双老布鞋才十五块，好便宜啊。

>>> 3 月 17 日

老远里就听见五队的那个老头吆着他的毛驴车来了，叮当叮当，嘚嗒嘚嗒！

天气热了，场子上好多的洋葱发芽了，卖不掉，老头早晚拉一车，喂他的羊。

老头很爱惜他的驴子。夏天，怕苍蝇蚊子叮咬驴子，他给驴子打上裹腿。蓝白道的海军线衣，拆了给驴子裹上，驴子显得格外精神。

老头一个耳朵背，听不见，我每次朝他打招呼，他不得不侧了脸，用一边的耳朵来听，很是可爱。于是我每次故意要多喊几次。

>>> 3 月 18 日

吕老二进来了，脚上蹬的新皮鞋，头脸光鲜，打扮得像个城里人！

我一说倒把老二惹害羞了，他低着头笑，也是实话，城市里蹲久了，人就注意穿着了，不像在乡里，地上干价活，进门就灰头土脸，穿啥衣裳也看不出个新旧。

我说是啊，还是城里人活得好，干干净净的，吃饭也讲究，小家小户每顿饭也要整俩菜，汤是汤肉是肉，不像我们乡里人，一锅煮。

“是啊，说到了吃饭，城里人上班吃饭都盯钟点。新疆冬天冷得早，工程结束了，回家来也没啥干的，我又找了快递公司干活，一天一百五，管吃管住。夜里加班，不光发加班费还管夜饭，食堂里随时有热饭。我就想，我们种地忙日子一天吃一顿饭，赶上夜里浇水，哪有得饭。”

我听得也美滋滋好眼热，哎呀，出门打工真比种地强啊，怪不得人人丢下地往外跑。

“就是嘛，我们两口子在家种二十亩地，忙活一年，成本除掉，一亩地还落不上一千块。去年我们两口子出去打工，净落干拿也有五六万，你说，种庄稼还是打工呢？”

>>> 3 月 19 日

喜欢老林两口子，勤劳，和睦，老林开车，桃香坐车，每天早出晚归，成双成对。

老林是男人，种庄稼有主见，干活肯下力，桃香是女人，性格温和，不多言语，听话，老汉说啥就是啥。作为庄稼人，这都是好品质。

当个农民，有老婆儿女，有十来亩地，有个大庄子，只要不怕苦，踏实肯干，柜里有米面，两口子不拌嘴，这就是好日子呀！

>>> 3 月 20 日

我们刚进门，大姑家婷姐和辉哥来了。大姑家母羊都下双羔，婆婆早就说了，让大姑给我家留一只小公羊，这不，今个儿大姑打发孩子们送来啦。

小公羊初来乍到，又惊慌又害怕，不敢进后院。辉哥牵起羊角硬拉它进去。

绵羊性子很温和，来了亲戚它们也很高兴，咩咩叫着欢迎。小公羊也不认生，跟着它们一起欢欢喜喜进了羊圈。

>>> 3 月 21 日

二月不在家，七月不在地。

二月的风带着细沙，轻柔的，闲闲的，吹来又吹去。

窝了一冬的大蒜哟，醒来了，冒出了嫩芽芽。

“快带我们出门，快带我们上地。”

跟着彩色的女人们，妖妖娆娆来到了地上。

沙土是细绵的，手心是温热的，天上的云是薄纱，鸟儿的鸣叫声，婉转清扬。

>>> 3 月 22 日

忽然听到庄门外有猪娃子叫唤。

老严撒腿就跑，“快，捉猪娃子去！”

啊，卖猪娃子的张老头来了。我们这儿养猪娃不叫买，叫捉，捉猪娃子！

墙头看猪娃子的，很是红火！

谈好了价格，得了钱，张老头走人，看猪娃子的人，也看足了猪娃，纷纷跟着出了后院。

哈哈哈，张二哥得手了一头好猪娃，心情大好，看我们眼热，越发得意。搂住宽子媳妇要跳舞！

宽子媳妇羞得仰脸咯咯笑，宽子扭头假装没看见，最是老三搞笑，“张二，最好亲一下，越响越好！快，我不望，我听声音！”说着，故意猫着身子凑近。惹得一堆女人们笑翻天啦！

>>> 3 月 23 日

散工回来半晌午啦！

进门洗手做饭，炒小葱鸡蛋。

小葱正是这个季节的当鲜疏菜。

早上出门，碰上海林媳妇，她三轮车开得快，我们一错而过，她瞅见了我，大声喊，随即减速掉头。

我停车候她，她匆匆从车斗里抱出来一捆小葱，绿生生的格外惹眼。

我问："哪儿的？"

她说："自己种的，拉到镇上卖去哩！"

"那年娃子学校里让填家庭情况表，写申请，我弄不上，你给我写了，我一直记得哩！"

会写字真好！

>>> 3 月 24 日

晴空，无风，春日和煦，喜鹊又搭起了新窝！后场院，墙里墙外，原来有两棵大槐树，两个喜鹊窝相邻安居。那夜大火烧了墙里的树，鹊窝掉落。鹊们远远站在别人家墙头啼鸣！

腊月二十八，墙外槐树上的鹊窝又被人端走，鹊惊飞哀鸣。大年初五下大雪，鹊守空枝寒风中。

今日春暖待花开，鹊搭新窝。不自怜自叹，目标确定，每一个春天都值得努力。

>>> 3 月 25 日

不觉意，人在屋里烤火，门口台沿下的草草露头了，尘土里，睁开了毛眼眼，散开了碎叶叶。叫啥名儿，与草无关。冷，热，有风或晴，节气到了，草知道。没得选择，也不吱声，自个儿的事。

窗子里有煤烟的味道，房檐下的电线上，麻雀叽叽喳喳。

>>> 3 月 26 日

这些日子的活生还不紧，种了麦子，拾掇苞谷地，拔葵花根头，拾地膜，都是去年丢哈的旧茬子。早上，人们在地里煨草渣，冷日头下，到处青烟弥漫。四爷也在拾掇地，七十八岁的人了，拖着一条老寒腿，滩上放了一交冬的羊，开春羊进家，就上地干活。

不干活日子过不去啊，但凡能凑合，谁爱受苦。屎难吃苦难受，怨我命苦！老境上了，秋葫芦儿子还打光棍哩！唉，马上种田呢，这地还是茬板子。过去说一年的庄稼两年务，如今的人啊，都现过眼前，不料后路。庄稼收进门，地上不再送个脚踪儿。

>>> 3 月 27 日

日头暖烘烘的，麻雀儿在远处的树上啼叫。麦子下种了，心安了。向阳坡上的草也青了，紧腊月，慢正月，不紧不慢二三月。

>>> 3 月 28 日

哈哈，今个儿的女人们活出人啦，时兴起了上城里过三八妇女节。广场看罢跳舞的，肚子饿了，进了火锅城，一通大吃二喝。哼哼，吃饱了，还不想回家，唱歌！真是不宜惯，吃了馍馍还要饭！天生窝在家里洗锅抹灶，一放出去，就野掉了！后晌，男人们扛着铣踢踏踢踏从地上回来了，一个个灰头土脸，嘟嘟囔囔。

>>> 3 月 29 日

地膜，如今成为地头最顽固的垃圾。过去，没地膜，西瓜熟得晚，玉米产量低。以前用过一种可以自行降解风化的地膜，质厚，没弹性。铺到地里仅仅半月就破裂了，难保墒。后来再没见过。原始人的洞穴里发现了灰堆和谷物。我们留下来的，不光是灰堆谷物，还有地膜。

乌鸦飞来，在新鲜的湿地啄虫子。

>>> 3 月 30 日

天亮得早了，鸟鸣声格外地响亮，白杨舒展新芽，空气清冽。

我轻快地跳过田埂。

>>> 3 月 31 日

立夏

（一）黄风怕日落

（二）清明茄子立夏的瓜

（三）看地的草人

一入夏，扬沙天气就慢慢地少了，沙落天明，西风带来了少量的雨水。这时候的庄稼长得很快，荒地上，到处种满了绿油油的苞谷。

（一）黄风怕日落

很久没到这荒地来了，地头老冰草半人深，红柳条子上缠绕着团团蓬蒿。还没走近，斜刺里扑棱棱飞出两只野鸡！鬼东西，着实吓我一跳。拨开冰草，有几只麻花母野鸡迅速钻进草丛。哈哈，是不是会有很多的鸡蛋？激动得我的心儿直扑腾。哼哼，窜来窜去翻刨了个遍，只发现一坨新鲜的鸡粪。

>>> 4 月 1 日

老大死了。

好地赖地再也不争了，驴和架子车分不公也不嚷了。地上活生紧忙时，老妈妈两兄弟家做饭喂牲口，跑断腿还抹不平各自的嘴。这下好了，地都一家种了，驴和架子车也搭对儿了，老妈妈守着一家的门墩。

地头的白杨树砍倒了，这树留着没意思，拔地里的养分，木头又不值钱！啥，喜鹊窝啊，嘿嘿，燎了！

地里拾了一半的葵花秆清理干净了，犁得展页页的，种麦子。地头的草芽发了，新汪汪的黄嘴儿绿！远处坟头的绕魂幡褪了色。

天气是越来越热。

>>> 4 月 2 日

阴，无风，目及皆清阔，能看见东面的阿拉谷山。

老远里瞅着四爷过来，我站在地头大声喊：“四爷，这么早啊，干啥去了？”四爷柱着棍子，拎着一个红抽抽，可能没听见，也没搭腔。走到跟前，我又问，四爷才笑呵呵：“烧纸去了，烧纸去了！”“你一个人去了啊？”“是咧，老姐姐说的来哩，儿女忙，她来不哈！”

“老姑奶奶多大岁数了？”“嗯，八十九啦！她是老大，下来我们兄弟六个，如今就剩的我了！”说罢低头拖着腿子就走。我又喊：“四爷，你不回家，还往哪儿去哩？”“我往南哈里去，还有老七，小匝匝没了，我还记得地方哩，烧个纸。”

>>> 4月3日

走过了，又不忍心，停车，拾起了路上被人挖了的野苜蓿根头。紫花家苜蓿整块整块地种，牲口爱吃，而这种开白花或者黄花的野苜蓿有难闻的气味，羊不肯吃。以前也曾推广种植，生长快，产量高，但后来还是淘汰了，可见，虽是饲料，口感也很重要。喜欢它清洁圆润的叶子，找到一处浇过水的埂坡，栽了。拍拍手上的湿土，安顿好它，我也安心回家。

>>> 4月4日

天灰蒙蒙的，空气中有尘土的腥涩，干枯的树枝微微摇动，远远地从村庄里传来闷腾腾的羊叫声，咩——有一丝不安的忧虑，这是风沙来临前的不正常的沉默。

>>> 4月5日

愉快地踏着缝纫机，我总会想，如果当初不做农民，我应当是个好裁缝!

我不否认，我是心灵手巧的人，我也承认，是我懒，怕繁琐，阻挡了我成为一个优秀的裁缝。

我是喜欢做裁缝活的，就是不识数，记不住尺寸，从来都用手掐，大马哈，做不出衣裳来做个凳套缝个坐垫，还是绰绰有余的。

闲来无事，翻出旧衣裳，忙活了一早上，给我的三轮车缝了座套和靠垫，看看，还是有模有样喔。

>>> 4月6日

有风的黄昏

日头落到庄墙外

风不甘心，瑟瑟摇摆

马夹沟，老五两口子还在干活

我问种啥哩，这么早铺地膜

老五媳妇说，种苞谷哩，趁墒情，早些捂哈

老五嘴里叼着烟，不紧不慢

这当儿媳妇早已腾腾丢着花锨走远了

>>> 4 月 7 日

坐院子里洗衣裳，拾掇出水洞，洞口淤积了厚厚的沙土。

这土是夏天下大雨，房顶上冲下来的。土质非常地细腻，这种土俗称雨淋土，雨水露，也叫无根土。

过去没有婴儿粉，伏天热，月子里小娃肉皮儿嫩，脖子啊、胳肢窝啊，最容易捂烂，脊背也会生出红红的痱子，我们就用这种雨淋土，灵验啊，很快干燥。

>>> 4 月 8 日

阳洼窝风处的墙根，金针挤挤挨挨绿了！

金针也叫黄花菜。有句俗话，尽头等你来，黄花菜也凉了！迟了，掉半价！更迟了的话还有，临上轿才缠脚哩，迟了！说明黄花菜是要趁热吃的，缠脚也要及时。八十岁上缠脚哩，老骨头长就宜[1]啦！啥时节做啥时节的事，过了节气就错哈了，人也一样。

>>> 4 月 9 日

天色灰暗，中午的阳光困恹恹的，嫩黄色的柳芽儿微微眯着睡眼，远远的田野上，桃香牵着毛驴套着石磙子打地，吱扭扭，吱扭扭，一圈又一圈。

>>> 4 月 10 日

今天我们种土豆。在潮润的新翻开的犁沟里，毛驴迈着轻巧的步子，人们提着篮子，点种着切好的土豆种，一抹黑影掠过，几只黑色的乌鸦落在地里，一摇一摆，踱着八字步，忽然脑袋一低，巨大的尖喙叼着一只白胖鲜嫩的蛴螬。

>>> 4 月 11 日

天色已晚，我骑车行走在一条砂石路上，路两边新栽的小槐树，暮色里隐约可见点点芽苞。远远地，鸡场的灯次第明了，清清楚楚地。小水渠的蛙鸣，此起彼伏，甚是热闹。

>>> 4 月 12 日

翻过那条大沙河，到了沙丘遍布的荒漠，人们叫柴湾。沙丘上丛生着红柳、梭梭，光洁坚硬的焦泥台上有大团大团的白刺棵。白刺棵下的冰草丛中，我竟然发现了三枚小巧的鸟蛋。蛋呈椭圆形，有淡褐色斑点，在避风的阳光下，泛着莹洁的光泽。

>>> 4 月 13 日

① 就宜，即已经形成现实。

大清早的，日头爷红乐乐的，村头那儿吵嚷嚷的。几个围花头巾的女人每人手里提着一头粉红色的小猪，女人们叽叽喳喳，小猪们吱吱惊叫，还有卖小猪的大个子女人大声嚷嚷！

啊，真是热闹极了！

>>> 4 月 14 日

风不刮芽不发。

这时节，日日风。早上晴光光的，晌午就变了天，起了老风。

黄风沙尘里，麦苗还是见绿了。有人开了拖拉机，套着石磙子，碾麦田，俗称收苗磙子！风太大，扯了沙土席卷而过。

>>> 4 月 15 日

黄风怕日落。后晌会儿，风细了，我骑车在田间小路，经过一大片新苗地，行行麦苗青青如碧。啊，如果在这片毛绒绒的绿毡上打个滚儿，翻个筋斗，那该是多么痛快的事！停了单车，瞅瞅四下无人，伸伸胳膊蹬两下腿，接连翻了好几个漂亮的车轮！嗨，喘着气儿，拍拍巴掌，走！

>>> 4 月 16 日

我在地里掐苜蓿芽，茂大爷捣着红柳棍过来了，站在地头，手搭凉檐瞅了瞅，咕噜了句："人吃苜蓿没劲，给驴说了还不信！"

我大声喊："你说啥呢，苜蓿芽好吃得很呢！"

"哼哼，苜蓿吃了乏得晃，麻曲曲吃了黑又胖！世事倒颠了，喇叭倒吹了，嗯，现在日子过得好，吃肉不香，穿绸子不光！唉，我们那时候的日子哟，草根树皮……"

>>> 4 月 17 日

城里人老说：“乡里人不洋，一洋胡洋！”哼哼，为啥偏要朴素，不能洋气！看我桃花，庄前屋后，田间地头，说开，呼啦啦一股脑儿都红了！且妖且娆，不管不顾，火烧火燎，糊里糊涂。

>>> 4月18日

大清早青苗田耙苞谷根。去年的苞谷茬地，根头会压苗的。先是地埂上悄无声息地落了一只乌鸦，接着很快飞来两只喜鹊，翘着尾巴，在麦地跳来跳去。耙出根头的地方湿，有虫子么？喳喳！乌鸦和喜鹊是不太怕人的，后来又进地的是几只野鸡，漂亮的公鸡，麻褐色的小母鸡，它们是不敢近人的，远远地张望。

>>> 4月19日

柳条儿最早显绿，杨树呢，新疆杨发芽迟，直溜溜的树身青里发白，本地杨见了绿，最晚散叶的应是槐树了，这会儿还

是光秃秃的老枝桠！天气很好，无风，喜鹊蹲在新搭的窝旁晒太阳。

起云了，大朵大朵的云，把巨大的阴影投落在刚盯着行行儿的麦田里，缓缓移动，明明暗暗。

>>> 4 月 20 日

一觉睡醒。

炕很烫，炉子上的洋铁皮茶壶，滋滋响。

雨还在下。

晌午起了老风，风里夹着雨点，西墙上的门头窗，啪啪响。

撂下揉了一半的面，腾腾跑出去，拾掇烧柴。

面柜旁挨着一大捆苞谷秆，红柳筐子里是干燥的苞谷芯子。灶膛里生起了火，红红的火焰，大锅里的肉滋啦啦冒气，满屋子烟熏火燎的香味，熟悉而又亲切的旧味道！

雨越下越紧，风在刮。

我们的春雨啊，我们的头一场雨，没有一点点儿的矜持，就这样莽莽撞撞来了。匆忙，慌张，又潦草！院子里湿了，风还没住，冷。

>>> 4 月 21 日

昨天下了雨，刚湿了地皮。日光明亮，空气清新。草尖顶着亮晶晶的露水珠珠。前两天冻坏了的麦苗又返青。不见鸟，却是远远近近的鸟鸣。

4 月 22 日

一夜老风，天亮风住，扑面仍是清嗖嗖的冷。河岸大爹大妈杀鸡，大妈身小，人利索，偏姓高，庄上女人们唤高蛋儿！甚是喜气。

4 月 23 日

有种小东西，我们叫水剪。冬天有火炉，屋里热，偶尔会见到，炉下的灰里爬出一只小小的水剪，密密的脚爪，蹒跚而行。春天暖和，墙根下，没住人的屋子里，细绵的灰尘地面，纵横交错的细线，都是水剪爬过的印记。夜里，屋子的塑料顶棚上会啪的掉下来一只水剪，在静黑的夜里，声音会扩大。开灯，炕上会发现水剪慌慌张张挨炕墙根爬。有时候，睡得昏昏沉沉，头发里悉悉索索，不开灯，只用手轻轻从头发里摸去，就会捉出来一只水剪，在指头里挣扎，密密的脚爪。还有一次，睡梦里脖颈处痒痒，下意识地一摸，一只水剪，稳稳捏住，还不能用劲太大，怕捏破，狠狠扔到地下。不再开灯，继续睡觉。

4 月 24 日

天阴，无风，冷。到荒地上，先煨上火，烤烤，再干活。早播的麦子洒当当地盯着行行了，晚种的嫩芽芽也顶破土皮儿了。阳洼里，沟沿坡下，避风处，田苗出得全绿得早。有野鸽子在麦地捡拾浮籽儿吃，我还没走近，扑棱棱飞了。二爹套驴车拉土，我问他："种葱吗？"他挖了铣土狠狠扣到车上："老了，种不动了！葱那个家伙又难伺候，移哩挖哩都得雇人！再说葱的价格没个准，瞎子打老婆，高一哈的低一哈，不种还省心！多种上些麦子苞谷，卖不掉了，搁个三年五年也能吃！"

>>> 4 月 25 日

老林开四轮子犁苞谷地，桃香和她娘家嫂子拾沙枣子。桃香说："趁着屋里火还没撤，人也不忙，蒸上些沙枣子吃！"我故意问："你蒸熟了我来吃行吗？""吃来浪，一个人吃了屁股里香，大家吃上嘴里香！"老林听见了骂，"瓜女人！"桃香嫂子低头嘿嘿笑，不说话。她耳朵背，不知听到了没有。前年秋天，桃香说她家冬果结得稠，让我去摘。找到她家园子，看见她嫂子在树下拾果子，我隔墙大声问："有狗吗？"她听到站起来说："有哩！"我又问："狗在哪儿？"她也大声说："我不是吗！"

>>> 4 月 26 日

"哟，卢二爷，这么早，地上转来了！""嗯嗯，我端详着种块苞谷哩！""啥，儿子们都挣大钱，早就不让你种地了。你偏放着清闲日子不过，找苦受！"

"嗨，这活人嘛，就得有个营干，闲浪浪的还真坐不住。再说，不种田，和庄子上的人也没了交染，孤守守的。种上些地，浇河水挑坝沟，混个日子，图个热闹！人啊，就得往活处走，只要能动弹，就不能死坐哈。"

>>> 4 月 27 日

大风过，天晴透，小园春色亦欣欣！

我们的小燕子，从南方回来啦！

啊，自从那天看见对门人家的老燕子来了，叽啾，叽啾，叫得那个欢。我的心就没闲过，惦着，记着，揪着，扯着，我们的小燕子，你在哪儿？

刮风下雨，你在谁家屋檐下？山高路远，你是否还记得回家？

今天，在一个风轻日丽的早晨，小燕子回来啦！

它们飞出飞进，滴哩滴哩。

我的心终于丢展了，晒着日头，干着活儿，唱起了歌儿。

>>> 4 月 28 日

一直偏执地喜欢，春天的白杨新芽。

娟娟新芽一如雏鸡张开了黄嘴儿，在阳光下叽叽喔喔，在轻风里闪闪发亮！

带着新生的喜悦，带着生命的欢笑，每天生长，每天努力，成就盛夏的奕奕浓荫！

年少不知事，春来最喜吹咪咪。折柔软的新杨条，扭啊扭，扭出一节节的咪咪来，哩哩啦啦，咪咪齐响，奔跑在乡间的小路上！

年轻人喜欢诗，伤春悲秋，太多的为赋新词强说愁！春风吹醒杨柳芽，点点新绿惹人家。忍不住折了新杨枝，插在水瓶里，摆在桌子上，日日瞅着白杨枝条散新芽，与君别，天涯无信，空惆怅！

如今识尽愁滋味，地头白杨年年绿。不折不扭，浑然自然。地里干活累了，白杨树下一坐，淡看新芽细细绿，任凭春风日日老！

>>> 4 月 29 日

谷雨无雨，风天，地埂上的梨树发芽了，还怯生生地开了几咕噜小花朵，风很大，耳畔呼呼有声。

榆钱结得好稠啊，我够不着，时时有麻雀儿飞来啄榆钱，风太大，电线发出呜呜的响声，地上干活的人陆续回家去了，只有老林两口子还在铺地膜。

>>> 4 月 30 日

（二）清明茄子立夏的瓜

塞北无梅，杏花俏！

年少喜花，赏不足，折回家，细嗅细赏，乐滋滋。

后来爱拍照，花下流连，嚓嚓不绝，却不忍折一枝。

如今也会花下醉，却不贪，越美越不敢放肆，拍照也收敛。

>>> 5 月 1 日

啊，我的早晨，我的清凉的，春天的早晨，一晃而过，而我，两手空空。

我是准备好要择枣子的，簸箕端出来了呵，红彤彤的枣子，散发着干枣特有的陈香味。

进来一个踮脚的人，喋喋不休地诉说，他的老婆，为了两个儿子能娶上媳妇，拼命地攒钱，常年的劳碌，忍饥挨饿，没明没夜，终于撂倒了！

我不说话，我抬头看天，看蓝色的，干净的天。看房檐下的麻雀儿们谈恋爱，它们叽叽喔喔，还会亲嘴儿！

日头多么地暖和，白杨生出了新芽，闪闪发亮。

>>> 5 月 2 日

真是好时节，风细沙轻日头暖。坐地埂上看光荣开着他的拖拉机旋地。

他真是个用心人，每块地都拾掇得干净整齐。看他旋地真是一种享受，拖拉机稳稳地走在地里，新旋的土地潮湿绵软。有乌鸦和喜鹊们飞来，找虫子吃。过去说鸦鹊不相逢，哈，其实，它们经常在一起追逐嬉戏。

风过都是晴天，田野如画，我们在画里劳动。画儿有我们更生动。愿人心如画。

>>> 5 月 3 日

晌午饭罢，听见队长吹哨子。

喊的开会哩，交河水费，麦子要上头水啦。

等我消消停停出了门，人们已拢堆儿坐在张二哥家大门上。

水费还没交，河水还没开闸，从南沟开浇，还是从北沟开浇，两头种麦子的人家却已争得脸红脖子粗。

>>> 5 月 4 日

没有一丝儿云，天那么地蓝，像新洗了的蓝褂子，树是那么地绿，绿得泼了一地的浓荫，沁湿透凉！不见鸟，却听见各种鸟鸣此起彼伏叽哩喳啦，有的像吹小喇叭，嘀——，拖着长音，很嘹亮；有的打着卷舌音，非常婉转，嘀哩哩；还有的声音急切简短，喳！喳！喳！

>>> 5 月 5 日

河水放下来，当中是不能停的，得一口气儿浇完。轮上黑夜，守一晚上。

浇河水的夜里，每个沟渠上都有人哩，巡水的，看闸的，夜里黑，看不见人，听不见声音，但是，远远地能看见手电筒亮着，灯光如豆，一晃一晃。

乡间的夜，格外地黑，月牙早早就落了，天和地挨得很近，仿佛就隔着一个埂子，地里浇了满荡荡的水，天上的星星也映到水里了，点点星光，一漾一漾。

坐在地头，守着水口，摁灭了灯，听河水汩汩涌进地里。地是干燥极了，流水漫过去，还会发出咕咚咕咚的声音。地头的白杨枝条非常地柔软，新叶挨着脸颊，散发出新鲜的清苦的辛辣味。

晚春四月的夜里还是很冷的，有人煨起了火堆，老远里就

瞅着了红红的火焰。水淌稳了，浇水的人们渐渐向火堆聚拢，男人们烤火抽烟，女人们不说话，拾了水浪柴再煨上。湿柴耐烧，我蹲在火堆跟前，膝盖烤得烫乎乎的，很舒服。

是谁扛着铁锹，从苜蓿地横穿过来，惊起了一群过夜的野鸡，野鸡关关鸣叫着四散逃走，扑哧扑哧扇着翅膀踏水而过。于是就有人喊：“捉一只来，烤上吃！”呵呵，也只是喊一声，长膀子的野东西，轻易是逮不着的。

不觉意，天已蒙蒙亮了，有红颈麻背的野鸭子，在水上滑过去，嘎嘎叫，水面漾起一大片涟漪。水口处，地埂头，细密的冰草尖，挂满了亮晶晶的水珠，人走过，水珠簌簌而落，打湿了裤脚，又冰又凉。淌了一夜，沟渠里的水清了好多。日头升起来的时候，麻雀们叫得最吃劲儿，细碎又稠密。远处又传来了杜鹃圆润哀婉的歌声……

>>> 5月6日

“一早吵了两架，生了一肚子气，算算，白吃了几两人参？”

黄三爷笑：“人生一次气，等于白吃了一两人参。”啥意思呢？就是生气对人的气血亏损大，一两人参都补不回来！

三爷好逗，惹得刚刚还气呼呼的我哈哈笑。

老陈真懒，一干活就饶不下我。今天放自来水，他跑出跑进，时时喊我，我做饭，烧火，和面又炒菜，烦了，一气大骂：“你吹箫还得我按眼儿，一个人提不起弦来吗！”

“哼哼，你能行啊，拖拉机开上犁地去呀，地里的活哪样能少了我！”

“哼哼，嫁汉嫁汉，种田吃饭，你不干活，我跟你图啥。”

“好啦好啦，别争啦！两口子搭配过日月，就像牲口搭对儿犁地，心齐了，劲使一处儿，很快就犁完了地。如果是两个犟驴子，你朝东，他朝西，这活儿咋干，日子咋过。”

5月7日

大丽花来帮我撒化肥，我拍照，她边走边撒，轻松又利索。我说她这把铁锨好使，轻巧又顺手。她哈哈笑：“六年啦！那年开春种田，我们去镇上买化肥，街上吃了瓤皮子，回来时九块钱买了这张铁锨！请庄子上的木匠五爷镶的白腊木锨把。我记得清清楚楚，就在那年冬天，老汉就死啦！六年啦，锨头磨秃了，锨把磨光了，还用着。”说罢，装了一皮筐化肥，扭身就去撒。她说着这些话，好像轻松地说着别人家的事儿。我还记得，那年她老汉喝酒死了，才39岁，丫头上高中，儿子念中学，她一见人，就满眼的泪水。她说她不知道该怎么过，丫头儿子上学哪有钱供呀，老汉还欠着好几万块钱哩。见人就哭，见人就絮叨。如今，六年过去了，她还是一个人种着庄稼，丫头在医院当护士，儿子进工厂上班，天没有塌，家还是家，她守着，就为了孩子们扑进门，有妈，有粮食，有冬天的热炕，刮风天，炉火旺，儿女回家来，烙三月饼子。

5月8日

哈，每年开拖拉机铺地膜，是老陈最得意的时候，也是吆喝我口气最大的时候！

“快，跟上，我都出地头啦，你还在地里晃！真是吃饭端盆子，干活装聋子。”

孟晓燕远远看见我们机器上地了，连喊带跑：“喂，我给你干活，你给我铺块地膜行不？”

“少废话，咋不行哩！快，下地，跟上！”

老王也看见了，扔下锨，跑来喊老陈抽烟。

“老陈，这膜铺得还不是太展刮，我来帮你调一下哈！拾掇利索，有空儿给我铺一块！”

“看你，老王啊！本来铺得好好的，你偏要露一手，这翻土筒都掉啦！”

老王讪讪而笑，灰溜溜走了！

>>> 5月9日

天气说热就热啦，晌午31度，早晚间冷，10度左右。

晌午觉睡醒，女人们阴凉底下喧谎儿，男人们拾掇玉米点播机。

老头老太不怕热，庄门上喧谎儿，晒日头。

一个城里人开着小汽车来了，街道上逛了圈，见无人搭理，灰溜溜开走啦。

>>> 5月10日

天阴，冷，西风紧。我种苞谷。大片的土地，松软平整，我喜欢。推着点播机，大步大步迎风走在我的土地上。我的眼睛是明亮的，我的心胸是宽广的，我呼吸着带有沙尘的空气，我的鼻腔湿润，我想唱歌。风太大。

>>> 5月11日

塞北的天气真是奇妙，早上还是大雨哗哗，晌午就雨住云散晴空万里！国林大爹浇水，清凌凌的水啊，顿时把我们干旱的塞北大地变成了水天相接的江南水乡。

5月12日

日头已落下了，最远的白杨树林子，井台边的沙枣树，生出细碎的银色的新叶。

浇过水的麦子，一天绿一个成色。地脚头的白蒿开花了，在黄昏日落，散发出黏甜的气味。

乌鸦一只一只向北飞去，天空中的云彩逐渐沉静，空气潮润，大沙河的荒地上打起了一座座新山墙。

月亮升起来了。

野鸡拖着它五彩斑斓的长尾巴，静静地站在苞谷地埂上，我稍微一动，它就惊觉地往后一扭身，发出关关的叫声。

淌过水的沟洼里，冰草日渐茂盛，天色越发暗淡，温度下降，无风，露水下来了。

月亮发出白色的亮光。

5月13日

风，阴天。一早就听见斑咕咕拖着长声叫，咕咕，咕咕——哀哀切切的声调，总让我想起小时候的老庄子。也是这个时候吧，榆钱儿扇膀膀，人饿得打晃晃。我不饿，大庄子门前有一棵老榆树，长得真是魁梧，站在树下仰脸瞅，乌泱泱遮住了天。嫩秀秀的榆钱儿哟，吃得满嘴的草腥味。我不认为我是个内向不快乐的丫头，可是关于老庄子的记忆里，我总是一个人，一个人爬在园子里的破墙头，等我妈，我妈生产队上工去了，看不见。我们是远离居民点的老庄子，白天很少见到人，我家养着一头黑猪，就在园子墙旮旯，整天哼哼。园子早荒了，墙根里大墩大墩的芨芨和稠密的枸杞刺，落满了许多许多的雀儿，叽叽喳喳吵翻天！忽一愣晌，雀儿不叫了，顿时四里八荒无声了，少顷，叽叽喳喳又吵起来。

>>> 5 月 14 日

种苞谷呀种苞谷，我们年年种苞谷。

种了苞谷卖钱呀，种了苞谷好喂羊。

喂了羊羔上膘快，喂了母鸡好下蛋。

公鸡叫得喔喔喔，母鸡下蛋咯咯咯。

>>> 5 月 15 日

以前我家养驴，老黑驴，套车，犁地，为我们受了很多苦。如今，没有驴子了，庄子上也很少有人家养驴子了。过去种三月套驴拉犁沟，如今没驴，各生神通。男人拉女人扶，甚是费劲。我也独自拉着石头磙子，碾三月地，碾瓷实，怕风吹干了地里的水分。磙子重，戴着手套，手心也磨起了泡。走走停停，大口喘气，啊，哈哈，老林套着驴车来啦，正好正好，瞌睡遇上枕头！跑出地，连喊带嚷，挡住了他。“林老哥林老叔行行好，借你的驴收磙子！”老林一听借驴，死死扯住驴缰绳，“不行不行，我的驴怀着驴娃哩！我也不敢重使唤，轻来轻去套个空车车。”

>>> 5 月 16 日

正是开花的时节，一场老风，一场寒流，打落满树梨花，如雪如雪，空了一季！如今绿叶纷繁，晨光明亮，一树清荫匝地。累累果子压满枝，不骄傲，空空枝丫当院垂，不自卑。一棵树，有果无果，问心无愧，春荣秋凋，自然生长。一个人，或贫或富，光明磊落，保持初心，积极向上。

5 月 17 日

天气热了，农场里做实验的学生们也来了。他们在枸杞田里施肥，雇了张麻子村的女人们铺地膜，要种瓜。我在麦田打药，嘴里唱着歌儿，有野鸡从麦地扑棱棱飞过。很多的时候，我喜欢干活，宽天阔地里的洒脱！天气真好，吹着小风，我们谁干谁的活儿，不说话，也有无尽的喜悦。

5 月 18 日

去农场的路上，看到卢二爷蹲在路坡下挖麻曲曲菜。忽然想起那天老林在打药，就是这块地，老林地头埂坡都打了除草剂。我紧紧张张说："快，倒了吧，老林打了药。"卢二爷抬起头，"真的？""真的，不能吃。"老人叹口气，慢吞吞起身，倒了筐子里的麻曲曲。出了地，问我："媳妇子，瞅下的么，哪儿有麻曲曲菜？""到处都打了药，斩草除根，赶尽杀绝。""唉！长草的地方就长庄稼，草都没啦，只剩了庄稼，哼哼，没草不见得庄稼就好。"人事万物一理，老天爷安排好哩，有人有牲畜有鸟雀有蚂蚁，同样，有庄稼有草，哪样都不能少。

5 月 19 日

吹着嗖嗖的凉风，没有露水。

我在青苗田里撒化肥，麦子上头水。

高大妈在她的葵花地里走来走去，不时地扬一长声，她在这头喊，喜鹊在那头啄，她撵不及，就骂。

新种的葵花地里，插满了小红旗。

>>> 5 月 20 日

蒙蒙细雨，我和三婶子种着三月。

背上湿，地里滑，两个人都是泥腿泥脚。

高高山上荞秆红，老天生哈我这个苦命人。

呀，三婶子竟然还会唱山歌！

是咧，我们那儿人人都会唱歌，三月三，四月八，少了歌儿没活法。

三婶子是陇南人。

去年个，我们庄子上一起耍哈的个女子，给我打电话。

桃，车子拉的横满柴，你为啥不回娘家来？

爹打了吗，娘骂了吗？

菊，爹没打，娘没骂，庄稼大得来不哈。

庄稼大了人雇上，不了把你一个人忙。

>>> 5 月 21 日

五月的田野

田间沟畔，各种花朵次第开放

喜欢这个叫黑老鸦果果子的花

豆花形，颜色明黄，花瓣如两扇抖动的小翅膀

日光明亮，空气干燥，轻风带来了沙枣花的香

>>> 5 月 22 日

不觉意，时节到了小满，苞谷已盯行，麦子抱了肚，地头沟畔，过水处，满眼碧绿！

每天忙忙碌碌，竟然不知道黑老鸦果子的花朵啥时候开的，蒲公英啥时候撑开了她圆团团的绒球，在正午的阳光下，睡眼蒙眬。

一声一声的鸟啼，混合着一阵一阵沙枣花的香味，在这五月的田野，酝酿盛夏来临前的丰饶！

我坐在花朵盛开的地头，嘴里咬着一根冰草花穗，细柔的南风轻抚我的脸颊。

明明地里活生还很多啊，可我就像赌气一样，坐在这儿好久，不想去干活。

这能怪我嘛？你听，那斑鸠一会儿蹲在电线上，姑姑等等——叫一声，一会儿又飞到树丫上，天爷晴晴——再叫一声。

你看那白色小粉蝶成双成对，绕着地头的曲曲菜花，飞上飞下你追我赶，小巧的翅膀在明亮的阳光下，闪烁着细碎又稠密的快乐！

>>> 5 月 23 日

人们都在忙着干活，喜鹊闲浪浪地飞来飞去！或者不飞，歇在枝梢，守着它的窝。树金扛着铣浇水，两脚的湿泥，走得急。

“儿子都大学毕业工作了，你还扒命不小的种这种那！缓哈点精神等着哄孙子吧！”

“大展小跑都跟不上人家哩，儿子娶媳妇得买楼房，花大钱儿哩！”

唉，喜鹊们不在城里买楼房，自个儿搭个窝，不也照样娶媳妇生儿育女过日子吗！

>>> 5 月 24 日

河水浇罢，天气热，地干得快，苗也出得快，一周不见，苞谷芽盯着行了，葵花苗点点新绿，两瓣子叶肥嫩可爱。

荒地上，陈刚开着拖拉机耙地，地是干地，耙平整，绵细，准备铺膜，灌水，栽辣椒。飞来了好多灰色的野鸽子，落在新耙的地面上，咕儿咕儿地叫着，找草籽儿吃。它们性子温和，迈着纤细的小脚爪，一摇一摆步态优雅。

自从河水浇完，地上就很少有人干活了，该种的种了，该撒肥的撒了，水一浇，交待给土地爷了。可是浇河水的不操心，老二浇麦子，倒了埂子跑了水，把老争的旱地苞谷淌过了。这样的情况年年浇河水都会发生，淌过了水三五天得翻地，多过遍手。但是也不会找跑水人家麻烦的，最多咕哝几句：“倒灶鬼日的，忙哄哄的，害得我还得翻地！”

有风，可天气还是很热，空气干燥。树木一日比一日绿了，白杨叶片稠密。斑鸠飞来，斑鸠飞去，偶尔干巴巴地叫两声，显得有些情绪低落。

后晌，变天了，起了云，风越刮越大，由北向南的风，俗话说，风朝南，冲倒岸。

希望下一场大雨。

5 月 25 日

今天是立夏以来最冷的一天。

新出来的南瓜苗，特别地娇嫩，也最怕冻。有个别新苗子叶边缘受了冻，卷曲，干枯，一捻就碎了，很是心疼。

风在后晌很没意思地走了，天空阴云密布，零零星星落了几滴雨。气温大约在三四度，非常地冷。

这么冷的天，夜里会不会有霜冻呢？这么小的南瓜苗会不会冻坏？在这冷汪汪的天气，看着这些南瓜苗小娃娃，越发冻得楚楚可怜。

拾了土块疙瘩，每个小苗苗旁搁一个，就像大冬天，我们蹲南墙根下，避风，晒日头。

搁完最后一个土块，天也快黑了。赶得紧，身上热，手脚却冻，手指几乎冻木了，天真冷。回头瞅瞅满地土块疙瘩下的南瓜小苗苗，又乖又听话。

好啦，安心回家。

5 月 26 日

阴天，簌簌凉风，雨后的潮冷。

馏了层层馍，散发出薄荷粉的清香。

趁热，抹蜂蜜，夹着吃，满口酥软甜蜜！

每次吃抹蜜的甜馍，总会想起好多年前的一个人，庄子上的人叫他李勺，他听见，不恼，也不搭腔。

出了林场，靠近沙窝湾，有一处铁门大院，三五间红砖房，常年紧锁。李勺就

住在这儿，看管库房，听说库房里有枪支弹药。

很少有人到那儿去的，一个夏天，我和弟弟跟着父亲去林场，父亲在瓜地干活，我们俩闲逛，不知道咋的，来到了库房大门口，越害怕越想来看看。

天很热，正是晌午，意外的是铁门大开，我看见，满院子盛开着红艳艳的蜀葵花！头一次看见这么多的花朵，非常地惊讶，竟然忘了害怕，径直进了院子。就在靠近最茂盛的蜀葵花的地方，有间屋门是开的，我还看见，李勺坐在桌子前吃馍。李勺也看见了我们，他显然有点儿吃惊，但是很快笑了笑，拿着几块馍，递给了我们。然后，他说："你们拿着馍出去吃，以后不要到这儿来玩。"说罢，还顺手揪了一朵最大的蜀葵花，塞给我。

我们出了大门，听他咣啷啷扣上了门。馍是甜的，极甜，层层间抹了很多蜂蜜。天很热，吃完了馍，我的手指也是又粘又甜。

听庄子上的人喧，李勺过去当兵，当了三年，退伍回来，庄子上最俊的周家莲香嫁人了，李勺找到了嫁到外乡的莲香，给了莲香一套军装、五十块钱。可是，李勺走后，莲香的男人把莲香打了一顿。从此，李勺不回家，不娶媳妇，不管爹妈兄弟，一个人就去沙窝湾看民兵库房，一看十年。

后来，民兵库房拆了，听说李勺走了新疆，从此，再也没有回来。

>>> 5 月 27 日

野红枸杞开花了，小小的，紫色的花朵散发出清甜的香气。

这一坡枸杞墩里，夹杂着甘草、芦苇、茑萝，原生自然的本色，不曾被破坏。

很多时候，为那么多红红的小枸杞无人采摘而耿耿于怀。

在今天，在此刻，看着这些自在的小花朵，突然的如释重负，凭什么野生的果实一定要为人类的赏识，喜欢，并且据为己有而感到荣耀呢。

>>> 5 月 28 日

麦地里的水让它自个儿淌，很乖的样子。

我去看看那棵大杨树。

荒地上唯一的一棵大树啦。

好多年前，我来到这儿，这儿没有麦地，都是沙枣树林子。更远处，还是黑乌乌的沙枣树。

那时候，大湖、小湖、将台、老湾尖，都没有种庄稼，沙枣树、梭梭、红柳、沙拐枣、酸蒡墩，自在生长，看不见东沙窝，看不见阿拉古山。外沙河里常年淌着清水，石羊河的流水，水里有鱼，岸上生着密密的柳棵、沙竹、芦苇。野鸡咕咕地叫，人走到跟前，扑哧哧拖着长长的尾巴惊飞而去。

如今，荒地上只剩下了这棵大杨树。它是一棵小叶杨，树身强壮，树冠繁茂，枝丫纵横，有七八个鸟窝。

我几乎每年都要来拍照片，冬季的寥廓，春天的新叶，秋天呵，飞舞的黄叶，如一只只美丽的蝴蝶。

>>> 5 月 29 日

贪恋日落黄昏，坐在田埂上，久久不肯回家。

忙完了一天的活生，心情松懈愉快。

这会儿空气是潮润的，鸟儿停止了聒噪，日头缓缓沉落，云层低垂，白色野花的香味更加浓郁，甚至有点儿齁甜。

远处响起了蛙鸣，像嘴里含了水似地唱歌。

鸡场里的一排排小窗，亮起了灯。

起了露水，青草的气味，花香味，混合着湿重的空气，我腾腾跳过小水渠。

>>> 5 月 30 日

天气很快热起来了！这才是夏天噢，饱满的热情，旺盛的生命力，浇过水的庄稼一天一个成色，欣欣绿色覆盖大地。我的田野，在夏天，逐渐富裕。就连地头的小花朵，开得也是那么地欢喜，小野蜂嗡嗡嘤嘤，发出细柔甜蜜的声音。

>>> 5 月 31 日

（三）看地的草人

阴天，无风，无雨。荒地开井，有水真好，陈刚浇苞谷，光荣家栽葱。每户人家都有高庄大院，有堂屋、伙房、粮房，羊有羊圈，鸡有鸡洞，老母猪哼哼哼拱着猪槽！每户人家有田地，种着麦子、苞谷、葵花、葫芦、洋葱，想种啥种啥，有吃粮，有卖钱的经济作物。我想这就是庄稼人的安居乐业吧。水流清澈，沟沿上的甘草伸展枝条。

>>> 6月1日

天气不是太好，有日头，看远处，毛洞洞的，无风。半路上看见一只绣花鞋垫子！一瞅，就是多年前的手工活，用那种明绕绕的扣线扎的，虽然在尘土里，风吹日晒久了，可那色彩依旧清雅动人。不知是哪双巧手扎的，好多年前，我的小姑做姑娘时，就扎了这样的一百双鞋垫。那时候的待嫁姑娘都忙着做这样的活生，终日勾头扎绣，一针一线里饱含了多少的爱情憧憬。多少年过去了，多少的鞋垫遗失了，今年春天，我的小姑爹意外去世，五十出头的小姑越发孱弱不堪，一个人种着十三亩地，心疼。

>>> 6 月 2 日

我在夜里，穿布鞋，走过一条长满冰草的小路。

冰草在这个季节，不声不响地抽出了花穗。

有露水，湿了鞋尖。

有蟋蟀，长声短声，叫得急促。

我打着手电筒，走过那条长满冰草的小路。池水里还有青蛙。

一只青蛙呱儿，一池青蛙跟着呱儿。

>>> 6 月 3 日

不劳布谷鸟催，庄稼人自己心里就有哈数，啥节气干啥活。就两天功夫，家家壅三月，起垄，浇水。看着，浇过水的三月秧秧，水汪汪的绿，花花也格外精神！

咦，那几垄长得好端端的三月，为啥有了缺苗？细瞅，青苗枯了，死了，啥原因？拔出一棵发焉的查看，秆秆被虫子咬断了。又刨开一株，哈，抓了现行！看你还扭着小脑袋，一副楚楚委屈的小样儿！如今三月种得少，没施杀虫药，自然生长，自然口味，物竞天择，有虫吃的就有我吃的，富而余。

>>> 6 月 4 日

四月南风麦苗青，枣花未开柳叶新，午后田野空寂寂，漫天杨花轻无声。

>>> 6 月 5 日

早雨不多，一天的啰嗦！

我却喜欢早雨，我不嫌啰嗦。

早晨的雨总是下不多的，或大或小，就一晌，不纠缠，很快住了，云开日出天转晴。

一落雨，就会误了庄稼地里的活儿，但是很公平的，你不能翻南瓜塘，他不能锄苞谷行，正好，我也不去干活，心安理得。

下雨了嘛。

春天雨很少，偶尔早晨也会淅淅沥沥落一阵，南墙根下的那几垄小葱，鲜嫩极了，挂着粒粒水珠，剪一把来，烫面，化了猪油，炸葱油小饼。

入夏雨渐渐多了，刮了一夜的风，天明风住唰唰一场急雨。屋里进来几个避雨的人，他们将三轮车停在大门外，蹲在走廊抽烟，大声说话，地上一串串泥脚印。

雨来得疾去得快，避雨的人还喧得正欢。

屋里太吵啦，我上地去，我看雨去。西葫芦花开了，水淋淋的大黄花，麦苗抱穗了，胀鼓鼓的，地埂上的大豆开花了，朵朵黑白分明。小路上又烂又滑，一只喜鹊迈着八字步，没迈稳，爪子一滑，一个趔趄，慌忙飞走。

6月6日

不管地里的活生紧忙，我是个糖性子，或者就近四处溜达，或者坐在地头发呆，一坐就是半天。

越是离村庄偏远的地方，鸟儿的叫声越发清越婉转！

并不见鸟，麦田里，浓荫下，柴垛上，鸟儿们欢叫。凌空还会传来云雀的唧哩声，嘹亮极啦！

麦子已出穗，刚浇完一轮水，地上很少有人。玉米田里打了除草剂，只有玉米不见杂草。草房里锄头，早已生锈。

斗渠里过了河水，青草茂盛。自从毛大爷背不动草，很少再有割草人。羊在圈里闻着风里的青草味，也只能咽下口水，默默啃干草。

麦田地头有一株大青叶，开了星星小蓝花。苜蓿也开花了，长得很深，人走进去，花朵及腰，地里飘浮着很清凉的香味。

>>> 6月7日

天气热了，屋子里的小蚂蚁也出来了。桌子下，门背后，砖缝里，都有小蚂蚁跑来跑去。厨房里，我们吃馍，小蚂蚁们也来了，纷纷扛起洒落在地上的馍渣，一溜风搬回了家。

日子长了，小东西们胆子越来越大，竟然敢上饭桌，上案板，凡是有香油味的地方，蚂蚁们都会光顾。嗨，它们吃不了多少，可是就这样随意爬来爬去，还是挺惹人嫌。

老马说："进了屋的蚂蚁是家神，不能赶，得蒸幅盘馍往外请。"

"哈哈，对，以前是听过这话。说说看，盘馍咋蒸？"

"哎呀，简单，明天你蒸锅小馒头，摆盘子里，上炷香，化幅表，磕个头，天灵灵，地灵灵，蚂蚁大仙请出门。"

>>> 6月8日

黄昏时分，厚厚的乌云缓缓褪去，金色的太阳露出，高大的白杨树把深深的浓荫延伸到碧绿的麦田，背阴凉的枝叶肃穆凝重，迎着阳光则明亮祥和。

地上劳作的农人默默不语，四野寂然无声。

>>> 6月9日

下午给丫头洗鞋子，翻出来一块肥皂。

好多年了，不曾再用过肥皂。

那时候，我们把肥皂叫胰子。

夏天，人们喜欢端着盆子，拎着筐子，到机井上洗衣裳。没有洗衣粉，有的人家拿着一小片胰子。我们也会跟着大人们去，小孩子似乎天性爱玩水。

钟来的媳妇穿着一件的确良白衬衣，蓝裤子，也端着盆子来了。钟来在窑街煤矿上当工人，所以，钟来的媳妇洗衣裳用胰子，矿上发的劳保品。冻蛋黄一样的胰子，擦到衣裳上，搓出白色的泡沫，散发出香甜的气味。

全庄子的女人们没有谁不眼热的。

钟来媳妇岁数小，却不小气，她会很大方地给人们用她的胰子。

滑溜溜的胰子在女人们的手里传递，尽管她们是那么地小心，胰子还是哧溜一下滑到水沟里啦。

“快，胰子，捞胰子，水冲走了！”

>>> 6 月 10 日

葵花长起来了，打了花苞，很快就要超过地里插下的红色小旗子。那个看地的草人，站了一季，有些累了，戴着草帽，拄着棍子，佝偻着身子，却还在不停地张望，似乎只要有偷吃的雀儿飞来，他还要扬一嗓子。

>>> 6 月 11 日

夏天真好，天气热，水浇得及时，庄稼们卯足了劲儿长，沟洼地畔，占着流水的便宜，草们也跟着疯长。冰草起了苔，辣辣浆开满了白色的花朵。

会林大爹头戴新草帽，手拿柳叶镰，嚓嚓嚓就是一大捆。毛渠里没有砌砖，河水一过，杂草很快扑满了沟岸。

过去我家养着一只奶山羊，夏天草深了，就给山羊戴上笼头牵出来，拴沟里，山羊抖着小胡子，小嘴巴不住地咯噌咯噌！后晌我们牵羊回家，山羊迈着小碎步，扭着圆滚滚的肚子。

树泽婶子，着实是个下苦的庄稼人，一边浇麦子，一边割草，看看，路边一大垛，地脚头还有一大捆，只见她绾好绳子，背靠草捆，马步半蹲，嘿的一声，硕大的草捆已上了背！

好多的草啊，好多的花，夏天的盛宴！

>>> 6 月 12 日

每天后晌散工，是一天中最轻松愉悦的时光！我并不着急回家，在田间小路上，缓缓开着我的三轮车，此时，晚风清凉，空气潮润。

每天迎着美丽的晚霞归来，总有一种神圣而肃穆的仪式感，温馨又隆重。糖菜长成一窝猪了，忙得顾不上间苗。今个儿领丫头来，帮我间苗，抱着一大捆小糖菜苗，想起了小时候每天放学，拉着架子车，我和弟弟去打糖菜缨了，打了糖菜缨子好喂猪。

一人五大捆，两个人盯正得清清楚楚，多一捆也不打。

回到家，第一时间里把糖菜缨子扔给猪，喜欢趴在猪圈矮墙头，看猪大口大口嚼脆生生的糖菜缨子。

又甜又脆的糖菜缨子呀！

>>> 6 月 13 日

停了半晌的雨，又吧嗒吧嗒下了起来。

我一趟又一趟出来看，后院墙头上的那只喜鹊，却再也没来。

连续好几天，有只喜鹊每天晌午都蹲在后院墙头上喳喳叫。

>>> 6 月 14 日

大棚后墙外，长满了野苜蓿。

开满了黄色的，白色的，细细碎碎的花朵。

我不愿意碰它，我知道，它有一种特别的，辛烈的气味。

我不喜欢这个味道，可是这个味道却是那么地熟悉，在记忆深处。

那时候，生产队种了很多高大的野苜蓿，夏天，家家后场院晾满了野苜蓿，整个场院，整个庄子，都是这个辛烈、苦辣的气味。

>>> 6 月 15 日

日落风歇，月亮款款升起。黄昏的花朵，散发出安静而清凉的香味，草丛中，有不知名的小虫，悉悉索索。

>>> 6 月 16 日

无风，凉，落了几点早雨，日头还在云层里，踟蹰，犹疑。呵呵，房檐上的天啊，云朵已缓缓褪去，露出大片干净的蓝天。

我喜欢下雨，但还是爱晴朗天空多一点。

院子里开着一些花朵，萝卜花啊白菜花，繁花悉数落去，累累籽荚，日渐饱满，成熟，小蜂嗡嗡，在每朵花儿上嗅嗅，却不肯多做停留。

清凉，活泼，带点儿甜味的早晨。

>>> 6 月 17 日

南瓜开花啦，满地碗大的黄花，香喷喷的，嗯，我就想摘了蒸着吃，可是今天活生紧，没功夫。西瓜的花花小，瓜儿却结得早。新生的瓜蛋儿闪闪发亮，一如珍宝，我小心拾掇瓜条，怕伤了它。在南瓜旱膛上，有一株留生的西葫芦，粗枝大叶，已结了好几个葫芦。由于缺水，葫芦尖梢没长饱满。不过它已经很努力了，感谢你的馈赠，没点种，没下苦，却让我不劳而获。

>>> 6 月 18 日

浇夜水。满天的星星，又稠又亮，夜晚看天，大而阔，庄稼深，星垂四野，闪闪欲坠。有蛙鸣，三五处，此起彼伏。远远近近浇水人戴着的头灯，闪烁明灭，间或还有放水打坝的喊声。所以浇河水的夜里，地上是热闹的。地头随处可见三轮车上睡觉的人，不管白天多热，半夜还是冷，拿了厚的被子，还有棉袄。不睡觉的，抽烟，喧谎。沟里的水汩汩流淌。我睡醒了，起身巡了一圈水，回来吹旺火，火焰明亮，噼噼啪啪发出声响。

>>> 6 月 19 日

一株植物，被人关爱，尚且知萌生新芽，回报欣欣生意。

一个人，得到帮助，宜心怀感恩，自强不息，虽不能济世，也当努力做一个更好的自己，热爱生活，内心明亮。

谁说人生如梦呀，我不认为，人世间来一趟，应有更多的感动，值得。

>>> 6 月 20 日

记忆里的蜀葵花，开在庄门口，开在路畔地头，麦子未黄，青稞成熟了呵。

妈妈和奶奶拔了成捆成捆的青稞，蒸青麦子，热腾腾的大锅啊。

孩子们不要在灶头跑啊，搓出来粒粒晶莹碧绿的青粮食。

蜀葵花儿开得稠啊，学校到庄子上，明明很短的路呵，揪了蜀葵花，贴在鼻梁上。

喔喔喔，跑来跑去你追我赶。

咯咯笑着，红红的花瓣儿乱颤，闹够了，还要捡了小石头，砸周老黑家的街门，周老黑的妈颠了小脚，撵出来骂，我们早已咯咯笑着，跑远了。

>>> 6 月 21 日

一直很偏爱蓝色的花。

田野里的黄色花居多，蒲公英，曲曲菜花，老鸦果，都是黄花花。蓝色花很少，最普遍的，也容易成片的是胡麻花，一开大片，蓝格莹莹的，煞是好看!

开蓝花的还有大青叶花，花朵很小，花瓣柔软，细嗅有淡淡的甜味。

>>> 6 月 22 日

我认为，有些东西存在于世上，它就是有道理的。并不是如毛大爷说：“这辣辣浆草是个祸害，人不能吃，羊也不吃，长得又旺势，铺天野海一大片，白占了地儿。”真是这样吗？它们油绿油绿，蓬勃茂盛，再过些日子，就开满了细密的雪一样白的小花朵。

因为无用得以繁衍。

>>> 6 月 23 日

月亮升起来了，透过树的阴影，照亮了大地。

劳累了一天的人们，早已熟睡，月亮照亮了烟囱。

月亮缓缓升高，穿过树梢，东大田的机井还在突突抽水，浇水的人戴着头灯，拖着沾了水的鞋子，踏哧踏哧走来。

水流汩汩，月亮又高又亮，树荫的缝隙，塞满了星星一样的光亮，月亮又是那么近，触手可及。

你说了句啥，我没听清。

月亮真亮。

>>> 6 月 24 日

黄灿灿的蒲公英，蓝莹莹的矢车菊，粉艳艳的红柳花，紫索索的苜蓿花，黑白分明的大豆花，在这绿油油的黄豆田，啊，真是一个大花园！我俯身蹲在豆秧下，一动不动，怕惊了落在肩头的蝴蝶……

>>> 6 月 25 日

清凉的早晨，人们在绿汪汪的田野上劳作。

太阳高高地照耀，柳树的影子越来越小，流浪的人背着大包坐在桥头，桥下淌着浅浅的河水，两个小孩子光着小脚，踢踢踏踏在水里玩，河岸上灰绿色毛条只剩下稀疏的小叶子，褐色的豆荚早已被人们采收殆尽。

>>> 6 月 26 日

阳光明亮，天空湛蓝，白云飘浮。向日葵开花了，碧绿的大叶子，金黄色的大花朵，我穿行在花丛之中，头发上肩膀上沾满了花粉，真像一只大蜜蜂！

>>> 6 月 27 日

好困啊，月亮快出来了。

满天的星星真亮，银河如一条白色轻纱，风一吹，一漾一漾。

草丛中到处都是蟋蟀在吹哨子，不知道它们是要开会，还是去上工。或者它们要去参加运动会，队长吹着哨子，队员踏着正步："一二一！"

我坐在地头，出水口就在附近，噗噗的水声在暗夜里格外地响亮。苞谷长得很快，绿叶舒展，细听，能听见拔节的响声。

远处，青蛙的叫声渐渐消退，庄头的路灯还亮着，如排队的星星。

井水噗噗。

>>> 6 月 28 日

阴天，在苜蓿地里竟然看到几株芸苔。乍一看，有点像油菜花，其实不是的，是好多年不曾见过的芸苔。它们散发出浓烈的，独特的，并不好闻的味道，这个味道在记忆里太熟悉了，会让我想起太多久远的人和事。

真的是很久远，久得有些模糊，几个去生产队上工的女人，从我家老园墙根下走过，我只记得有个系绿头巾的女人，嗓音沙哑。我趴在墙头，榆树叶子又稠又绿，芸苔开着黄花，空气里是难闻的芸苔的气味。

过去种胡麻多，胡麻地里有好多的芸苔。那时候，我喜欢到姨娘家去。那时候，姨娘活着，表姐桂也活着，姨娘有三个儿女，桂是老大。桂身体不好，姨娘和姨父割胡麻，桂也拿着一把小镰刀，桂总是蹲在地上大口地喘气儿。芸苔的花瓣落在她的头发上。

多少年过去了，姨娘不在了，桂也不在了，好多年我不见芸苔。

6 月 29 日

如果可以，等我老了，我也喂两三只羊，养一头毛驴，套上木头架子车，天天在树荫下割草。冰草，苦豆草，黄花草，割一把草，看看天，听听鸟叫，多惬意！

6 月 30 日

秋风

都说抢种不抢收，可是我们的秋后日子短，霜冻又来得早，摘辣椒，掰苞谷，挖蔓菁，每天忙得像撵贼。紧赶慢赶，进门天就黑透了。男人打草喂羊，女人拾柴做饭，墙根下的蛐蛐儿叫得那个急。

（一）麦黄六月天

水乖乖地在小渠淌着，我坐在大杨树下，旁边有一大丛野生枸杞，枸杞子看着红艳艳，吃着甜滋滋。麻雀们叽叽喳喳，用尖尖的小嘴巴啄食枸杞子，多像一群小孩子，吃饭也不能安静！

>>> 7 月 1 日

小暑大麦黄，大暑小麦闹上场。

麦田埂上，开满了金灿灿的小黄花，苞谷地头的阴凉下，大青叶也开出了毛茸茸的小蓝花。连日来的高温，晒得院子里的蔷薇花瓣，就像女孩子脸颊，染了胭脂。

墙角下，小鸡叽叽叽，房檐上，麻雀喳喳喳，真是闹腾。

>>> 7 月 2 日

天气闷热，没有风，浓绿的枝叶一动不动，仿佛在屏息聆听，又像是在不安地等待，会下雨吗？老宅后墙外有许多的老杨树，老树上住着乌鸦一大家子，它们拍着乌黑的翅膀，用那含糊不清的嗓音鸣叫，呜哇！呜哇！好像刚刚喝了下午茶，茶水还停留在嗓子眼。

>>> 7 月 3 日

迟睡的人很少会早起。偶尔起得早，走在晨明的凉风里，那种警醒清透的感觉，是别的时刻无法比拟的。东方的远天呈现淡淡的绯红，有黑色的大鸟缓缓飞过，此刻，守了一夜的月亮露出了倦容。深吸一大口凉气，整个胸腔宽阔爽洒，于是下决心，以后也要早起。嘿嘿，其实只为贪些凉风是不会起早的。

>>> 7 月 4 日

落日的余晖静静地照耀着碧绿的田野，小小的蚊蚋抖动着金色的翅膀，轻盈地飞舞。晚归的农人背负着青草慢悠悠地回家，草捆里一支金黄色的小雏菊，在他的肩头一颤一颤……

夜幕降临，黄昏星渐渐明亮，田野上清凉的淡雾萦绕，坐在地头的你呵，为什么不回家？倦鸟归林，拉牛的少年已把牛儿拴进圈，村庄慢慢淹没在黑暗里，点点灯光隐隐闪亮，你的长发已濡湿，快回家呵！

>>> 7 月 5 日

我们进大门就看见母亲在翻晒新做的糟子！时间过得真快，一晃又到了做糟子的日子。

我问母亲：“今年为啥做得早？”

“小暑过了就能做了，闲着哩，趁天气好，早些做了。”

花儿开了好多，小猫最喜欢在花丛里打滚儿，压折了好多花，父亲心疼，细心地用线绳儿把花朵挽起来。真是淘气呀，一高兴还会跳到花盆里，只好用砖把花盆围起来。

墙根下的薄荷长得非常地稠密，细碎的小白花散发出阵阵清凉的香味。

>>> 7 月 6 日

前两天下了雨，天热，草长得特别旺势。一早来到地上，露水太大，绊湿了鞋袜。尤其淌过水的沟，冰草上满是亮瓦瓦的水珠子！蹲下来，舔了舔，舌尖丝丝凉。太阳照在沟洼里，蝴蝶们晒干了翅膀，飞来飞去地绕眼，黄的，白的，花的，还有那种蓝色的小蝴蝶，特伶俐！

在山药地薅草。天气热，水分足，山药长海秧了！我蹲在沟行里，密匝匝都是碎花花。白山药开白花，红山药开紫花，一样的黄芯芯！山药花没啥味道，有些花会结青果果，我们叫苕蛋儿，是不能吃的，捏开一包碎籽籽。

>>> 7 月 7 日

浇河水啦。

浑浊的，热乎乎的河水。

可以浇麦子，可以浇苞谷。

我爱热闹的水，喜欢在这烂泥里玩水。

滑溜溜的稀泥，在脚丫里咯唧咯唧唱着歌。

>>> 7 月 8 日

后晌会儿，到马夹沟割苜蓿。苜蓿结籽了，身子重，风过都扑倒在地里。有了收割机，好几年不再割麦，镰刀拿手里有些岔生，掀起一大抱，地皮上落了一层黄里透红的苜蓿叶。咦，咋闹嚷嚷地动呢，细瞅，原来是各种蜘蛛、蚂蚱，还有许多叫不上名儿的昆虫，大的，小的，黑的，白的，爬的，飞的，跳的，都没命地逃，哈哈！

>>> 7月9日

一早上都是生气的事儿，太生气啦！看，卡米[1]熟了，一坡一坡的红，没人吃！黄喇嘛[2]开花了，一大墩一大墩的黄，没人瞅一眼！黑枸杞黑了，红枸杞红了，谁来摘啊，着急啊，

① 卡米：一种灌木浆果，沙地里很多。

② 喇嘛：花朵形似喇嘛帽子。

再没人来，鸟儿们都要吃光了！吃黑枸杞拉黑屎蛋儿，吃红枸杞拉红屎蛋儿！

还是生气儿！这么多的草呐，割草的老汉们老是嚷嚷天旱，没草。羊在圈里饿得叫唤，分明就是懒嘛。看看咯，我家苞谷地头，满沟满坡的草，没人来割，都留给我吗？真是的！

>>> 7 月 10 日

水在地里淌着，我和老马在树荫下喧谎。红火处卖母猪，越说越起劲，两个婆娘正嘎嘎嘎哩，突然老马捂住嘴，止了声，一脸的惊，我亦惊，咋了？扭身四处看看，路上也没人呐！老马朝上庄的麦田指，嗯，也没人啊！细看！噢，看见了，田埂上有个白脊背，黄花花乱隐着！干啥的，偷听吗？哼哼，我看不像，驴头耷拉着半天不动，捣啥鬼？哈哈，我吓他一顿。掂轻脚步，走到麦田跟前，大喝一声："喂！干啥的！"唰的那人站起来又没站稳，一个趔趄才回转身子，哇，是老旦！"干啥呢，钻到田里半天不动？""我，我肚子疼啊。"看老旦臊得满脸通红慌慌张张跑了，两个瓜女人越发放肆地笑。

>>> 7 月 11 日

乡下天就是这么蓝，呱呱的蓝，夏天的树木又是那么绿，浓郁的绿。似乎揪一片叶子都会嗒嗒滴下水来！

谁家豆秧晒在大门口啊？抬头一瞅，这不就是会林大爹家吗！会林大爹是个用心人，院里院外拾掇得整整齐齐，看，这一墙南瓜，都爬上了房顶，怕结的大南瓜掉下来，大爹用绳子把南瓜一个个拴起来。

进了院子，大爹大妈正坐在阴凉处缝塑料单子，这不马上要收麦子啦，到时候，大豆呀扁豆呀还有胡麻，错前掖后都要上场，缝了大单子好晒粮食！

瞧，晒了半院子的，是早熟的白豌豆。火辣辣的日头下，有零星的豆荚晒得叭叭响。

>>> 7 月 12 日

收割机，我们这儿叫康播音，收麦，就叫康麦子。俗话说人老一年麦黄一夜！连日热东风，麦子说黄就黄了。庄头来了康播音，院子里扎扫帚的扔下芨芨出门探，地头浇水的锨把插在水口出了地，人们出溜出溜都拢上去了！这时候，总会有急性子的人在庄头扯嗓子喊，康播音来啦！康麦子啦。

以前老场院打场，全庄子的大人娃娃都上场，五黄六月无闲人！那混合着麦秆味的尘埃日头下，场院里还是很热闹的。现如今，平日里各家忙各家的，很少再凑一块儿干活。康麦子把人拢堆了。放麦啦！金红色的麦粒从康播音高高的仓口倾泻而下，车斗里眨眼淤积起了尖尖的麦谷堆！谷堆上有瓢虫和臭斑慌慌张张爬。

头一家的新麦未及出地，人们就呼啦啦涌到车斗去看，粒粒新麦洁净饱满，在日头下散发着温热的甜香。人们纷纷抓起一把，摩挲，端详，嘴里丢一粒，嚼嚼，嗯，干了！老柴爷偏皱皱眉：“干啥呢，倒库房里，后晌就潮了！哼，以前从收割到碾打，麦子进仓至少得七八天！现在的人，性子急得生生从麦穗上捋哩！”

麦子堆在场上，月亮照在麦谷堆上，我仰脸躺在麦草上，场口有两棵大白杨。也不知今个儿老历十几，月亮圆了。天净无云，月光清清亮亮，远处水渠里传来了青蛙的夜歌：“呱儿，呱呱呱。”

>>> 7 月 13 日

六亩八分地的麦子！当初下种三百斤，如今收了约有七千斤，咋样？丰收。种瓜得瓜种豆得豆，还是我们的土地最实诚。这几年的麦子都长得好，麦子能扛旱，对水肥要求也不高。种麦子成本低，也省工，极少会犯病，不用打药，不昧良心。

>>> 7 月 14 日

正午的日头下，新收的麦子，粒粒发烫！

机器收麦，真是快啊，轰隆隆一个来回，开仓放粮。多轻松啊，不再汗流浃背地割麦子。

想起了小时候，跟着爹妈割麦子。

赶早儿，起五更，黑蒙蒙的，父母就开始叫我们起床，趁凉上地割麦子。背着腰食，拿上饮湿的草腰子，拎起头天晚上磨快的镰刀，我们出门了。

到了地里，天才蒙蒙亮，能听见别人家地里悉悉索索的割麦声。

年少瞌睡多，蹲麦行里，直打瞌睡，困极了，就地儿趴在麦铺上就睡着了。

那时候都是苞谷套麦子，麦子黄了，苞谷也一人深了，绿油油的苞谷叶子上，挂满了露水，滴哒滴哒，打在脸上，也不觉得。

>>> 7 月 15 日

收完麦子，收割机一出地，紧跟着打草机就来了。

看着遗落在地里的好多麦穗，想起小时候跟着奶奶在生产队麦地里拾麦穗的情景。

麦捆子上场，人们就开始眼巴巴等着拾麦穗，新粮打下来是集体的，要按各家各户的劳力、工分来分粮，而地里的麦穗却是谁家拾上算谁家的。只要队长一声令下，整个生产队的大人娃娃就像刚出圈的羊一样，呼啦啦扑进了地。人多麦穗少，还有的娃子们，为争一个麦穗打起来。

那时候，拾了麦穗来，第一时间就是揉出麦粒炒上吃，炒熟了，奶奶怕我们吃得太快，把新炒出来的麦子撒在炕上，炕上铺着席子，滚烫的麦子卡到了席子缝里，我们哪顾得烫嘴，跪在炕席上，一粒一粒扣着吃，越嚼越香。

>>> 7 月 16 日

过分地喜欢这金灿灿的麦秆！光洁，明亮，散发出一种久远的浓烈的成熟的腐殖草的气味，它令我迷醉！仰面朝天，躺在这发烫的甜蜜的干燥的麦秆堆上，高空长风，携我神游，世间万物，均为负累。

>>> 7 月 17 日

入夜，白天的暑热，很快消退，代之而来的是阵阵的凉风。

我们坐在院子里聊天，就地铺一块旧驼毛织布，我们就坐在微热的地上，凉风阵阵吹过。

月亮升起来了，照着院子里的花朵，又是一阵风来，花朵在月光下轻轻摇曳。

猫儿蜷卧在我的脚边，我索性脱了鞋子，赤脚感觉猫儿的温热，又一阵凉风。

远远地，庄墙外，有收麦子的拖拉机隆隆驶过，声音越来越远，直到听不见。

风还在一阵一阵地吹。老陈总喜欢抱了铺盖在院子里的车斗上睡觉，仰面朝天，满天的星星，夜色清凉，很快就会入睡。

但是往往睡到半夜，他还是会夹着铺盖卷又回屋里来，说冻醒了，还是炕上舒坦。

靠炕的窗户打开半扇。

夜里也没有蚊子。

>>> 7 月 18 日

趁着清晨的凉风，趁着新浇的湿地，扛着铁锹，拎着筐，人们都来种秋白菜。

葵花已经结籽，苞谷正在扬花，夏天快要过去，立秋已姗姗而来。

我喜欢这样诚实的生活，热爱土地、辛勤劳动，我们跟着节气种植庄稼，我们的心是踏实的。

>>> 7 月 19 日

国林大爹是个细心人，年年种蒜，别人家铺地膜，就他坚持不铺。而他的蒜头长得一点儿也不比别人家的个头小，长得慢的蒜吃起来反而还更脆。

挖了蒜，不铺地膜的地很松软也很干净。一株留生苞谷长在地中间。国林大爹在挖完蒜的地里种了秋白菜、秋萝卜。菜籽还没发芽，但看着那些细致的纹路，让人心里也是很舒服的。

天阴、无风，远处的电线上，有两只斑鸠，也不叫，也不靠近，就那么静悄悄地蹲着。

>>> 7 月 20 日

未及出门，雨就簌簌下起来了。

灰暗的天空，铅云低垂，雨脚紧而密，打在脸上、头发上，深吸一口气，久违的清凉。

路边，有个女人在割草，她身穿蓝褂子，裹着头巾戴口罩，我拍照，她低头笑，手底下并不停顿。打碗碗花开了一摊，雨点落在草地上，发出沙沙沙的声音。

紫色的苦曲曲花，被雨水淋得湿漉漉的。圆鼓鼓的青豆荚，大锅煮熟，沙棱棱的，特别好吃。我还看见了很多羊奶弯，它们伸出细细的茎蔓，缠绕在葵花叶子和豆秧上，开着一咕噜一咕噜的碎花花。

难得的一场透雨，赶走了连日来的燥热。雨簌簌而下，人，植物，欣喜却无法恰当地表达，不如沉默。

>>> 7 月 21 日

以前不知道，夏天雀儿在土里刨坑打滚儿，以为它们找虫子吃。后来才知道，天气热，人们要洗澡，雀儿们也要洗澡。它们洗澡不用水，就在墙根下，干燥的碱土，带沙子，这样的土不硬，容易刨开，翅膀不住地扑腾，一会儿就揎开一个个土窝窝。它们在土窝窝里，翻滚，抖翅膀，羽毛根根凌立，它们发出愉快的鸣叫。

>>> 7 月 22 日

迎着猎猎朝霞，鸦群缓缓起身，飞向北方的青土湖。

成熟的黄麦迎着清凉的晨风轻轻摇摆，空气中带着伏天特有的草木浓酽的气息。

碧绿的苞谷舒展长长的叶片，叶尖有露珠在闪闪发亮，金黄的向日葵微微低着头，一副若有所思的样子，粉紫色的朝云轻轻飘过。

雀鸣逐渐稠密起来，穿过大片麦田，转过高高的白杨树林，三奶奶家房顶的炊烟袅袅升起。

>>> 7 月 23 日

不知道咋了，树金和老林吵了起来，吵得脸红脖子粗的，一个骂：“吃哈屎的！”另一个骂：“你啃哈粪的！”嘿嘿，这大热天的。

以前看到他们吵架我会害怕，着急人们只是看热闹，并不会有人去劝。如今我也习惯了，我们这儿的人就是这样，前一晌骂得鬼吹火，后一晌已经喧得热火朝天！

>>> 7 月 24 日

黄昏的街头，闹嚷嚷的小镇，一辆木头架子车，套着一匹豹花骡子，车斗里装着化肥，车头坐着一老妇人，穿着白底碎花的衬衫，头上系着驼色头巾，脚上穿着白袜子黑方口鞋，拾掇得很是清爽。她安安静静坐在车上，手里牵着缰绳，骡子也很乖。老头来了，我以为他去买雪糕，结果剥开纸袋，捏出来一个黄澄澄的糖油糕，很小心地递给老婆子：“喏，趁热吃。”

>>> 7 月 25 日

无风，天晴，露水重。斑鸽子飞来落在电线上。麦子收了，腾出了许多空地儿，青玉米高身架，顶头冒出了天花，腋下生出了红须。这时节最惹眼的要数向日葵，大片大片开花了，亮光光的日头下，满地金黄色的大脸盘子，好看极了！

>>> 7 月 26 日

扎笤帚。高粱笤帚结实耐用，芦花笤帚扫地干净，最好的是糜秆笤帚，灵巧轻便，过去人们扫炕没见过用刷子，都用细糜秆笤帚。

>>> 7 月 27 日

风渐渐弱下去，雨点越来越密。

我在三月地里薅草，大棵大棵的洋谷子，一铲子剁下去，肥嫩的茎秆，清脆如蔬菜。

咔嚓——咔嚓——

我在三月垄间，跳来跳去，鞋子沾满了泥，裤脚绊湿了，头发梢滴着水珠。

整个田野，安静清凉，我在雨里，舍不得回去。四下里不见一只鸟，雨点落在地膜上，叭叭响。

我蹲在绿苍苍的糖萝卜地里，糖萝卜的大叶子，光洁发亮。

站起来，世界大了，蹲下来，世界小了。我想，我可以再缩一下脖子，再矮一点儿，蜷缩在这些绿叶子下面，咕咕叫两声！

>>> 7 月 28 日

今天卖麦子，一个精精瘦瘦的妇女，竟然开着一辆威猛的黄色铲车进了院子，好家伙，把我瞅得目瞪口呆！

以前，我见过大路上开拖拉机的妇女，也在城里见过开小汽车的妇女，但是从来还没见过开铲车的妇女呀！

今个儿算是长了见识，真是威风！

>>> 7 月 29 日

风起得快去得也快，晌午下了沙沙雨，一觉睡醒，天大晴。到旮旯屋找东西，仓根下翻出来一个破皮箱！磕磕箱子上的土，抱到院子里。嚯，真正的细羊皮皮箱啊！瞅瞅箱角上的皮子，包得多齐整，锁扣上的铜片，打得多薄！揭开箱盖，噢，彩色的扣线，揎鞋的木头，还有一把亮光光的铜鞋溜子！漂亮！

箱底搁地上返潮，被虫蛀坏了。箱内盖上补贴的报纸，日期是1971年。

>>> 7月30日

又要放河水了。早上队长吹了哨子，人们扛着铁锨，三三两两出门了。夏天浇水多，沟渠里杂草长得快，挑沟打坝，户户要出工。过去大集体上工叫混工分，一个混字儿，哈哈，尽显上工的美好时代！上工又属挑沟最松活，一大群人走在沟里拉着骆驼磨磨蹭蹭，任他队长喊破嗓子骂得鬼吹火，一逮着树荫就蹲倒歇凉喧谎！

日头高了，人困马乏口干舌燥，一个个赖在路口不动弹了，队长也喊不动了，只得打发了两个人去农场偷瓜！一会儿老十和三老子抱着满怀的甜瓜来了，人们纷纷起身接过瓜，就地儿噗通噗通砸开，一人捧着一大块，埋头啃将起来！一通大吃真他妈赶渴！老邓吃罢甩着手咕哝："哎呀，瓜水把手指头粘住了，哪里找点水洗洗！"老泽用袖子擦着嘴巴丢了句："哪里给你找水去，尿泡尿洗去！"老邓嘴快，她立马接了句："你尿我洗啊！"一下子人们群起而吼："老泽你尿，让弟妻洗！"哈哈，把个阿伯子羞走了！

>>> 7月31日

（二）院子里长着洋扫帚的人家

天牛，生着两只长长的角，看起来很漂亮，谁知道却是个坏家伙！看，路边这三棵白杨树，树身上都是天牛打的洞！这树皮是很坚硬的，我长着大牙齿，也咬不动，可就是这没长我这大牙的小小天牛，却有本事咬开，把它们的孩子生在树洞里，让树身体里鲜美的树汁，来养活它们的孩子！两年后，孩子们长大成虫，树木枯萎！多么可怕呀，走过好远，还是忍不住回头，树木孤单而无助。

>>> 8 月 1 日

树泽嫁女儿，庄子上的人都换上了新衣裳，嘻嘻哈哈，一伙一伙出来了："吃席走！哈，多好啊，如果天天有人家娶媳妇，嫁女儿，我们都不用下地干活儿，天天打扮漂亮吃席走！"

吃罢肥肉，抹抹油嘴，才顾上瞅瞅我们的新嫁娘！哈，当年那个大嗓门粗胳膊壮腿的假小子，今个儿也变成了富贵美丽的新娘子！看着那红堂堂的一桌子陪房，女人们捏捏摸摸，老婶子们更是啧啧啧："想想我们那时候呀，买条红头巾就把婚订了，穿件红棉袄就出嫁了！过了门才三天，娘家一趟回来，炕上的新被褥都没了，一问，人家借来的！""哟，过去的就别说了，呀，新女婿来啦！快，拾喜糖走呀！人说吃席不光要带嘴还要带礼。"那当然，还嘴席嘛，今个儿吃你家，明个儿吃我家，家家门上有喜事！过去吃席庄子上随五元的礼钱，后来，节节长，十元二十元，再后来，三十元，到今个儿的五十元！嘿嘿嘿，你们别笑，老人情，老哈数，心到意到，不在钱多钱少！

>>> 8月2日

种瓜得瓜种豆得豆，春天栽了发芽的萝卜白菜。

夏天收了成熟的萝卜白菜籽，打了麦子翻了地。

我们种了萝卜白菜，冰凌响，萝卜长。

赶着霜冻我们收了萝卜白菜。

>>> 8月3日

那天，我们路过二队王家老庄子，看见一户人家院子里长满了洋扫帚，空旷的大院子，晴光光的大日头下，绿油油的毛茸茸的洋扫帚啊，寂寞又清凉。

>>> 8月4日

我喜欢这个圆窗子。哈哈，那叫月窗，原来东西两面，一面墙上一个。

这是后院原来的碾坊。

噢，我想起来了，我小时候，我们也住在这样的老庄子里。就靠着后院碾坊，是我们的伙房，父母散了工，天就黑了，点了煤油灯，父亲烧火，母亲擀面，煤油味，柴火味，酸面条儿味，我困极了，趴在锅头台子上，迷迷糊糊吃了饭。母亲端了灯，父亲背着我，转过后院黑洞洞的走廊。

>>> 8月5日

夏日的最后一朵玫瑰
是送给秋天的礼物
天气将会变凉，果实成熟
狗尾巴草结满沉甸甸的草籽
西风吹过，园子里的秋草变黄
冬天也会来临，罐子里的水结冰
人们都会整天地待在家里
炉火通红，烤火喧谎
一个冬天翻个年就过去了
春天总会如期而来，日头暖和
向阳坡的草芽变绿
人们拾掇家什种庄稼

>>> 8 月 6 日

南方人就是比我们北方人巧，心灵手巧的那种。

新式立柜，基本是八十年代南方木匠做的。那时候，庄子上来了江苏木匠打家具，是挺紧俏的，合家各户轮着请哩。

南方木匠用新式木板，叫三合板，轻巧，打家具不用榫卯，用铁钉。叮叮哐哐一通铁锤子敲，材料现成，当日就能打出一台五斗橱！

对此，我们本地匠人是瞅不上眼的，我们庄子上最好的木匠三爷爷就远远蹲街门上瞅："哼哼，纸页儿薄的板子，能抵撞磕？不用榫卯，就用那铁钉钉，纯粹就是糊弄人，三摇两晃钉眼儿一松，还不散架啊？哼哼，我们实打实的家具，能传辈哩！"

说罢，起身，烟锅子鞋底上一磕，背手走啦。

>>> 8 月 7 日

阴天，无风，偶尔有零星雨点。

我们在马夹沟，耕麦茬地，赶在立秋的前头，把蔓菁种上。

小时候，家家都会种蔓菁，我父亲喜欢在蔓菁地里撒一把水萝卜种子，这样，蔓菁长起来的时候，水萝卜也跟着长起来了。水萝卜是红皮小圆萝卜，鲜红鲜红的，剥了皮，雪白的滑溜溜的萝卜，吃起来又甜又脆！

父亲不会单独种一小块水萝卜的，他就是喜欢撒在蔓菁地里，我知道，他就是想看着我们在蔓菁地里低头找水萝卜的样子，而我们，每当在大片的青白色蔓菁地里，欢呼着发现一个红艳艳的水萝卜的时候，整个世界也是明亮的。那种兴奋至今仍能感觉到。

只有我家蔓菁地里有水萝卜，所以我可以非常骄傲地领着庄子上的娃子们在我家蔓菁地里拔萝卜，看着他们在我家地里跑来跑去，我不吃萝卜，我也是高兴的，在那块地里，我为王。

这样的荣耀和得意不会太久，回到家，我就被母亲大骂了一通，地里的蔓菁都让娃子们踏烂啦。回头又怨父亲，为啥年年要在蔓菁地里种水萝卜！

>>> 8 月 8 日

天刚亮，一庄子的鸡鸣，远远近近，此起彼伏。

阴天，灰色的云挨着房顶上的烟囱，我蹲在院子里，那些鸡鸣声，便也顺着墙根拉得老长。

天气太干旱，希望下雨。

>>> 8 月 9 日

啰——啰——啰！啰——啰——啰！千呼万唤，这家伙才极不情愿地从窝里爬起来，一步一摇，扭着肥胖的腰身，姗姗而来。天热，三奶奶给猪提来了凉水，哗啦啦倒进了水泥圆槽，槽里都是猪拱的土，清水马上变成了泥糊糊！猪也不嫌，哼哼唧唧将嘴巴拱进泥水，接着，又将脏乎乎的蹄子也一并踏进槽里！我家不养猪好几年了，这家伙爱拱墙根，没个结实圈道，是不行的，太爱拱墙根了！我记得那年我们养了一头猪，拱墙根、拱猪槽，有一天还跳出了猪圈，嘿，整个后院都被它掀了个天翻地覆！哼——哼——哼——

>>> 8 月 10 日

晚饭罢，我们坐在院子里乘凉。

蟋蟀的鸣声，鼓噪又急促，院里院外，都是它们在演奏，曲调单一，啰嗦不止，仿佛这个世界整个儿是它们的，我可以想象，它们使劲儿抖着双翅，不时地晃晃细长的触角，一副自我陶醉的样子。

这时候，天上的云彩渐渐地亮了，泛着鳞鳞细光。哦，是月亮出来了哎。

>>> 8月11日

老秧子黄豆越来越少有人种。

传说有一天黄豆和麦秸秆一起搭伴儿旅行，走到一条小河边，没桥，过不去，麦秸秆说："我横躺在河面上，你从我身上走过去。"说着，麦秸秆刚躺下来，河水就把它冲走了！黄豆一看，捧腹大笑，结果笑得太厉害，把肚子笑裂了一道口子！咋办啊？正好路上过来了一个裁缝，翻翻包袱，没找到黄线，只好拿黑线给黄豆缝住了肚子。从此，黄豆肚皮上就有了这条黑缝儿。

>>> 8月12日

啊，三天没来，葫芦啊，西瓜呀，努着劲儿比赛长。

工人不上班，扣工资，学生不上课，耽误功课，我不上地，丝毫不影响庄稼们的成长！

>>> 8月13日

晴天，微风，井水还不是太凉。我浇苞谷，老十杀了鸡，领着儿子到出水口来洗鸡。水宽展，洗得干净。一会儿，趁沟里的水，老马来洗鞋。

>>> 8月14日

七月半，河水乱。夏粮已收，磨新面，蒸包子，上坟烧纸，请先人们尝尝。拔了葱头，做葱花香油酥面馅的包子。俗话说，先人的名儿，后人的肚儿。这蒸包子还有个讲究，说啥要做小包子，后人们聪明。做了大包子，后人憨大老实！看看，无论我咋用心，每次蒸出来，都是大圆脸！呃，好吧，做老实人，干老实事，吃饭睡觉，心里踏实。

>>> 8 月 15 日

南瓜收了，地里一下子凋敝了很多。有成熟的小蕃茄，秧头开着小黄花。红的辣子，青的辣了，管你摘不摘，我结我的果实，完成我的任务。秋白菜，秋萝卜，怯生生的，像乡下害羞的小姑娘，额前发梢儿凌乱，结实的小脸，来了陌生人，一问话，只会咬手指甲！

我来看看你们呀，又点了冬萝卜，不知道迟了么？土地不说话，从来不说，一门心思长庄稼！

我是个懒惰的庄稼人，我的土地她知道，只是不吱声。

>>> 8 月 16 日

没觉秋风凉，牵牛籽已落。

还记得好几年前，老五奶找我要牵牛花籽，说孙子肚子里有虫，听人说炒了二丑子，研末冲水喝，能打虫哩。

夜来香也结籽啦，粒粒黑籽，状如颗颗小地雷。

晚来天凉，花香味长。

>>> 8 月 17 日

秋风一吹，天就日日凉了下来，地上的苞谷棒子日渐粗壮，荒地上长了一夏的杂草，隐隐显出枯黄，而我家院子里却还是盛夏的模样。

看看，丝瓜花儿金灿灿，依旧成双成对地开，蜜蜂嗡嗡嗡，只顾忙着采蜜，茄子棵上吊着丝瓜，嫩生生的丝瓜秧还在跑头。辣椒开着小白花，结着青辣椒。地面上倒伏的小柿子曾经长时间泡在大雨过后的泥水里呀，可它还是亮晶晶的红了！水管儿处有两朵黄花，你能分清哪朵是南瓜花，哪朵是丝瓜花呀！我的南瓜哟，兴冲冲地扑上了扔弃好久的三马子，时光都生了锈啊，你们硬是活泼泼咯咯笑着闹着，挤去了陈旧，还结了一红一绿两个大南瓜！

啊，一口气说了这么多，我的心儿也喘着气儿，扑扑跳跃！尽管天气阴沉着脸儿，没有谁抱怨，没有谁丧气，大家伙儿都生机勃勃，积极，努力，向上，内心里充满阳光！

>>> 8 月 18 日

一直在忙，乱叨叨的！跑到旧院取大麦，挨墙根走，墙根下，累累枣枝横垂！真是快呀，没觉意，枣子红了。

你来或者不来，枣子丝毫不在意，该开花就开花，该结枣就结枣，节气一到，枣子红了。

作为一株枣树，它明白它需要的是什么，空气、水、阳光；它也清楚它的目标是什么，全力以赴，开花结果。

>>> 8 月 19 日

“掰苞谷走喽！”看到地头一株留生葵花，拧起脸盘一看，一只小小的粉红女郎，扭着腰肢，早已捷足先登！嘿嘿，好吧，让给你！苞谷、葵花啥的都没打药，你们吃剩下了，我们再吃，不跟你们抢！三皇爷治世，有虫有米，虫没绝后，人没饿死，万事万物，相辅相成，自然之道，浑然天成。

>>> 8 月 20 日

丝瓜脚下生出一株草，院子里欠绿，留了没拔。没想到，它迅速长起来，抽苔努穗，竟然是一株毛笔草！

真好，想起读小学，写作文，老师总是让我们先打草稿，然后，再用小楷毛笔抄写在作文本上。三年级的学生娃呀，还没捉过毛笔呀，作文本的格子又是那么小呀，毛笔尖那个颤呀，落笔下去，黑乎乎一片！撕了重写啊，不敢着多的墨啊，毛笔尖分散了，开叉了，用手指捻，手指染污了，急了，就用嘴巴抿，抿笔尖，好使呀！

然后，放了学，我们都是乌手黑嘴巴！

>>> 8 月 21 日

早晨的阳光是活泼的，在小辣椒尖上，在喇叭花蔓梢头，跳跃，舞蹈。

没有风，空气湿润，我能听见，花叶交错间，有细细的乐声，嘤嘤咛咛。

>>> 8 月 22 日

天明风住，细雨如丝。

入秋后的天，一落雨，分外地凉。

窗台上，台阶下，还歇着昨夜的沙土，也不着急打扫，看牵牛花，每日为谁娉婷。

天凉丝瓜长势喜人，噌噌蹿上房檐，又翩翩垂下来。看啊，好几只小小野蜂，挤在瓜叶下避雨，看它们安安静静的样儿，心里顿生出一股岁月安然的温暖。

雨还在下。

>>> 8 月 23 日

黄昏的田野，风光静美，落日余晖，映照大地。

薅菜的人们，纷纷出地，准备开车回家，留下一堆堆的小白菜，谁爱吃，抱走，没人吃，明天背回家喂羊。

>>> 8 月 24 日

又到了收葵花的时节。

田间地头，干燥的空气里，都是新鲜葵花籽热辣辣的气味。

这气味熟悉又亲切，还有一丝说不出来的苦涩。

>>> 8 月 25 日

翻粪的人，低低说着话，晨风清凉，熟透的羊粪，散发出酽荡荡的胡椒味。

>>> 8 月 26 日

后晌，来到南瓜地里，南瓜收完了，地里踢踢踏踏寻摸，有没有遗落的南瓜。

总有这么个坏毛病，喜欢在收过庄稼的地里窜，找葵花头，刨山药，苞谷地里捆秆子，摸出来一个大棒子，也会高兴，像白捡了一样。

>>> 8 月 27 日

雨后天晴，我们到了小姑家。

小姑杀了甜瓜我们吃，门口一只大白猫紧紧盯着院子里的一块瓜皮，那个馋样儿，就差舔舔嘴巴啦。

我问小姑："谁家猫，它想吃甜瓜吗？"

小姑骂："自家猫，嘴巴馋得很，又爱偷吃，屋里搁的瓜，哪个熟它啃哪个！"

哈哈哈，这白猫好像会听人的话，知道骂它，低着头，灰溜溜地顺墙根走啦。不知啥时候，白猫已拖了一块瓜皮，在房檐下，滋滋有味地啃起来。

>>> 8 月 28 日

几乎每年都会有这样的一个日子，秋日的天空，雨后天晴的白云，我们在院子里敲葵花头。

棒槌敲打在结实的葵花头上，发出扑腾扑腾的声音，这样的声音在一个安静的秋日，让人感觉格外地踏实。阵阵凉风吹过，暖烘烘的日头晒着肩膀，晒着后背，活生轻松，我们很少说话。

一声鸡鸣从庄外远远地传来。在这样一个安静的秋日，这样的鸡鸣，显得那么地悠长，在多年前的一个秋日，也有这样的一声鸡鸣。

不由得叹了一口气。

>>> 8 月 29 日

七月半，河水乱，这不，晴了一天，又下起了雨。

天渐渐地亮了，地面波光粼粼，灰色的天空，房顶上的烟囱，静静地伫立在雨中。

想起了很多年前的夏天，也是雨天，而且是绵绵连阴雨。我家麦子还在场上，母亲天天坐在炕上瞅天，雨住了，她就会下炕做饭，如果雨还在下，她就不下炕，不做饭，骂天，骂父亲，为啥一次又一次让给别人家打场，自己落到最后。这不，泡在雨里了。哼哼，等着全家吃芽麦子吧。

父亲不吭声，默默地蹲在灶台前，剁着一截一截的湿柴。

下着雨，我和弟弟不能出去玩，也不敢说话。母亲做了饭，我们就吃饭，母亲不做饭，我们也不嚷饿，悄悄上炕睡觉。

还好，雨下了五六天，天总算晴了，而我们的麦子，由于父亲和爷爷。天天出去抖擞，透透风，再码起来，只有挨地皮的麦穗生了芽，大部分的麦子是好的。

那一年我七岁。

>>> 8 月 30 日

老话说，七八月的肚子，杂货铺子。

这两天，又是甜瓜又是杏子，时不时还抓一把葵花籽，嘴就没闲过。

>>> 8 月 31 日

（三）荒地上的苞谷

日光泄泄，秋叶闲闲。驴子轻轻甩着尾巴，由着嘴儿啃着青草，一只喜鹊，真是淘气，飞来落在驴背上，叽叽喳喳跳来跳去！

>>> 9 月 1 日

秋日，多云。

荒地上，大片金灿灿的油菜花，我故意穿过地埂，花枝拂曳，有草籽簌簌落下。

>>> 9 月 2 日

天气说凉就凉了，晴光光的日头，一阵一阵的凉风，出门上地，系上头巾，穿了厚外套。

九点多了，地里露水还是很大，我蹲在辣椒地边，等着露水干，好摘辣椒。

吕三媳妇来得早，戴了皮手套，割苜蓿。秋苜蓿已结籽，再不割，一场霜，就会落尽叶子。

吕三媳妇说："要不是这块苜蓿，今年的羊就饿坏啦，去年干草留得少，等不得庄稼收完赶羊出圈！"

>>> 9 月 3 日

又到了洋姜花开的日子。

天空的阴云还未褪尽，洋姜花在一场大雨之后，开得更加明亮，努力。

有蜜蜂寻花而来，围绕着那金黄的花瓣，稠满的花粉，不停地扇动它的翅膀，发出嗡嗡的声音。

>>> 9 月 4 日

云朵低垂，雨后的大地，清凉干净。

小朵的秋苜蓿花在风中轻轻摇曳，有鸟儿鸣叫着疾飞而过。

我悄悄蹲在苜蓿地里，蝴蝶飞过，蜜蜂飞过，我屏住呼吸，怕惊扰了你。

日头在云里穿行，一会儿投下大片的阴影，一会儿阳光明亮，晒得后背微微发烫。

又是长长一声鸡鸣，村庄明明就在旁边，可分明却感觉很遥远。

遥远的，还有记忆，记忆里的秋天，秋天的味道，秋天的人。

>>> 9 月 5 日

日头挨着庄稼地缓缓坠落，四野安静，潮气升腾，傍晚的天空，云彩低沉。

我坐在路边的地埂上，身旁的向日葵已经成熟，硕大的花盘静静地低垂着，有只小小的瓢虫，叭地掉了下来，还未待我拾起，它已抖开翅膀嗡儿一声飞走。

>>> 9 月 6 日

凤仙花，我们也叫指甲花，顾名思义，就是能染指甲的花儿，它还有个名字叫急性子。

看，成熟的果荚，你轻轻一碰，它就砰的一下开裂了，吓你一跳。

其实它也没有发出任何响声，可是它裂得太快，出其不意之间，炸裂了，让人不得不感觉有砰的一声，那一声的力量所在。

>>> 9 月 7 日

秋天有衰败，但是植物也在成熟，它们的果实呈现出最浓烈的色彩。

枝头有红丢丢的枣，满地红彤彤的辣椒，还有苞谷地头的芦苇，在晴天的日光下，轻轻摇动，花穗发着银光，一闪一闪。

好久未到荒地上来了，九月的荒地种满了苞谷，苞谷正在日渐成熟，整个荒地不见一个人，鸟鸣声穿过苞谷田，天空又高又蓝。

我会在这里坐很久。

>>> 9 月 8 日

每天坐在辣椒地里，总会碰上很多奇怪的辣椒，就像很多的时候遇到奇怪的人，很是意外！莫名心里会生出欢喜来。小时候，很眼热商店里站柜台的人，尤其是卖彩色豆豆糖的，偷偷吃一粒没有人发现吧？或者捏出一粒舔一舔，再放进盒子里，哈哈，一定很甜！长大了，却是羡慕坐银行的，天天数钱，多快活！只要有钱，想买啥都行！这不，我天天坐在辣椒地里，跟坐在银行是一样一样的，他们数钱，我摘辣椒，还不用数，不费心，也不怕丢了，错了，混淆了，糊涂了！啊，数钱不如摘辣椒！秋天的日头多好，热乎乎的，麻雀们呼啦啦飞过，又扑棱棱飞走，偶尔会有成群的小野鸡，叽叽叫着哆啰啰逃走。

>>> 9 月 9 日

我坐在地里摘辣子，驴站在地头啃芦草，一只喜鹊飞来，落在驴背上，啄啄脊背，啄啄鬃毛，尔后，又轻快地跳到驴头上，左啄啄，右啄啄，驴子停止啃草，一动不动，很受用的样子。想起小时候，大冬天，向阳的房檐下，洗了头发，晒着日头，蜷在母亲裤脚下，母亲坐了小板凳，勾着头，板着我的脑袋，一缕缕一缕缕地分开头发，仔细地捉虮子，啪，啪，掐死。

>>> 9 月 10 日

深蓝色的夜空，闪烁着无数的星星，有云朵缓缓行走。

夜晚的风，带来阵阵凉意。

我还看见，房顶的烟囱，墙根下的梯子。

>>> 9 月 11 日

路过，看到宽子和老婆摘菜，忽然觉得这个就是幸福生活的样子吧。春天我们一起种菜，夏天我们一起浇水施肥，用心务做。到了秋天，蔬菜成熟了，我们一起来摘菜，我摘，你接，装到车上。然后，蹲地头，歇凉，吃西红柿，彼此嘻嘻笑。辣子都红了，山药塌秧了，垄上开着一些小花朵。

>>> 9 月 12 日

我们在院子里装蜂蜜，午后的日头很烈，我们蹲在南墙根的阴凉里。

小小的菜园里开着秀气的蓼花，在一棵肥大的白菜叶子上，蹲着一只健壮的猪头跳。

午后的日头依然很烈，槐花蜜散发出甜腻的清凉的味道，盯着它们如光滑的绸缎一般，在瓶子里缓缓折叠，手一晃，一豆蜜，还是滴落了下来。

天气晴朗，空气干燥。

>>> 9 月 13 日

喜欢苞谷，高大个子，一株结一个棒子，不贪，不嗔，一个顶一个，掷地有声！

今年的苞谷长得挺好，尽管遭了虫害，但结的棒子不小。

一掰一个大棒子，心底的喜悦闪闪发亮，看得见，摸得着，结结实实。

秋天的天空，又高又蓝，站在苞谷地里，仰头看天，便觉得那天格外地蓝。日头会晒得脊背发烫，却不感觉热，干活也不出汗，一阵阵的凉风吹过，叶片沙沙作响。

虽然现在有了收割机，大部分的苞谷会用机器收割，但是，我们每年还是要掰几块苞谷的。总感觉，作为一个正经庄稼人，夏天不割几把麦子，秋天不掰几穗苞谷，心里不踏实。

>>> 9 月 14 日

下雨了。

秋天的雨，下得不急不缓，如果地上没有紧忙活儿，下雨天倒是庄稼人最闲暇的时光。

一下雨，天就立马凉。下了炕，趿着鞋，随手逮件夹袄披上，煨根烟，出了门，蹲窗根下，看雨，抽烟。

女人喊："鸡蛋茶打好了，吃来。"

男人并不着急答应，掐了烟头，慢慢起身，进屋，咕哝一句："下雨，又不能干活，吃啥哩！"说罢，脱鞋上炕，拉过被子，倒头又睡。

就一根烟的功夫，被窝应该还是热的吧？

女人咣地一摔勺子："懒尿，你不吃，羊还在圈里叫唤哩！"

炕上的男人已扯起了呼噜。

雨还在下。

>>> 9 月 15 日

大雾天。

满地的狗尾巴草。

>>> 9月16日

日头跌落，最远的苞谷地，临走，丢了个媚眼，惹得老庄墙，涨红了脸。

>>> 9月17日

庄子上的夜来得早，黑得快，如今家家都是单门独院，闭了大门，进了屋，窗口的灯光也圈在了院子里。黑乎乎的庄子在夜里，很矮，很安静，偶尔庄头的大路上有汽车驶过，车灯一闪，很快远去，谁家的狗汪了声，又很快噤声。我站在房檐下，看满天清荡荡的星星，很远又很近，似乎我伸膀子一揽，就能结实掬一怀星星！

>>> 9月18日

那天，从这些庄门前经过，看见很多人家紧锁着院门，早已出外打工多年。没想到，到了后墙外，竟然是如此荒凉破败。

好多的柴垛干草，风吹雨淋，不曾打动。曾经亲手栽植的葡萄果树，没人管理，任其干枯颓废。

在一株枯朽的杨树下，我看见了好吃的甚不知名梨子！梨树已半枯萎，仅有活着的一个枝丫，很少的叶片，竟然还结着果子！

果子已成熟，却不曾有人采摘。我揪了一个，很好吃，甜。

>>> 9 月 19 日

呵，月亮老儿，露面了，赶紧啊，月饼献出来，抱出了大西瓜，剜了十八牙，你别急呀！

葡萄拿来，枣子丢一把，还有哩，还有哩，那些红红的小苹果，有点涩，羞于端上桌。

啊，我们八月十五的月亮啊，有点难为情，悄然隐身云彩里。

我们种了好多的葵花呀，我们种了好多的洋葱，下了雨，收成不是太好，那又有什么呢？我们的麦子丰收了，我们的苞谷棒子呀，又大又粗，粒粒金黄。

八月中秋，我们的丰收节，我为你献上漂亮的大月饼，呵呵，我打了盹儿呀，锅烧干了，花丫丫儿烧焦了，我真是恼呀，您说这又有啥，你用你的新麦面，蒸出了喜洋洋的大月饼。

你诚实地种着你的庄稼，春风来了，记着你，夏雨滋润土地，你打露水地里走过，收获的秋天呀，心里装着喜悦。都说瘪一年的圆一年，不泄气呀，来年，春种秋收，来年，风调雨顺。

>>> 9 月 20 日

老爹一早进了院子，眉毛上湿漉漉的，哈着一嘴白气，啊哈，冻掉手指头哩，结霜啦！说着，剁剁脚，鞋子裤腿，泥水泥脚。噢吁，我要去看看！有啥看，赶紧卸了车斗上苞谷。

怎么能不看哩，头一场霜！待我赶到庄外头的地里，日头老高，白霜已褪去，密密麻麻的露珠，秋苜蓿茎叶耷拉，一副霜打了的模样！

>>> 9 月 21 日

母羊生了三只羊羔，有只羊羔调皮，从笆门里挤了出来。父亲看见了，把羊羔抱了进去。母羊却不认自己的孩子了。羊羔靠近咩咩咩叫，母羊一头顶过去。没办法，只能买了奶瓶奶粉来喂它，三个小时喂一次，小羊羔一看见人就跑了过来，咩咩叫。我把手伸给它，它含着我手指就咂，父亲拿了奶瓶来，它高兴又紧张，吃得很快。另外两只羊羔看见了，很快跑到母羊那儿吃奶。

各自吃饱奶，三只小羊羔一起玩。唉，母羊真笨，不识数。

>>> 9 月 22 日

风吹过的秋天，西风阵阵，吹动成熟的苞谷叶子，在这样一个凉爽的日子，我们来收苞谷。西风劲吹，酱黄带绿的苞谷子唰唰作响，它们排成整齐的队伍，它们在唱秋天的歌。收割机的轰鸣声被风刮到好远，我站在收割完的空旷的苞谷地里，顺风而听，我听得见人们彼此大声说话，风好大。

我喜欢成熟的草木的气味，我抖掉我鞋子里的草籽，呛人的苞谷叶子上的灰尘在空气中飞舞，西风阵阵，苞谷叶子的歌声欢快而活泼。

我似乎闻到了一丝野茴香的气味，特别地清香，我蹲得更低一点，苞谷叶子遮挡了风声，收割机吹着干枯的叶屑从我身旁轰鸣而过。

>>> 9 月 23 日

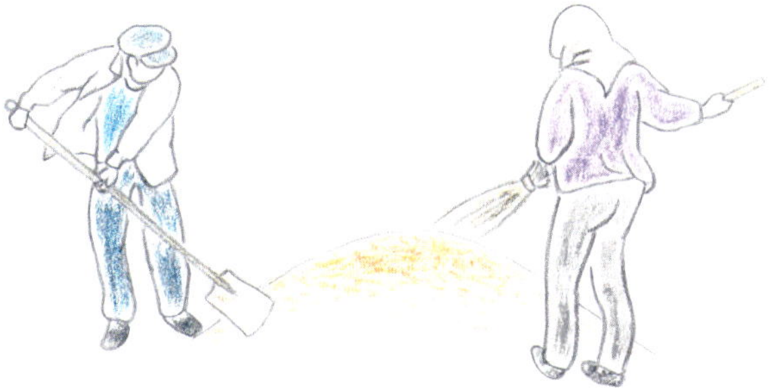

又是一夜大雨，天明放晴。秋风凉爽，秋阳温煦。花园里花朵盛开，门前的老梨树，梨子日渐成熟。

一切都还是生机盎然的样子，晌午饭罢，人们坐在庄门前喧着谎儿。

然而，我们的茂大爷就在这个时候走了，天气还很和暖呀，地里的苞谷还没收进门呀。

他说他老了，今年都九十一岁啦，羊脖子也吃得多了，时世也望够啦，该走了。下雨的夜里，悄无声息地走了。

茂大爷是个说话有趣的老汉。

自从我到这个庄子上，他就背着筐割草喂羊。我们在地里干活的空儿，喜欢和茂大爷喧谎儿，他的记性很好，喜欢喧老远老远的事儿。他还曾经说过："嗨，别看我现在弯腰驼背的小老汉，想当年，我也是个五短身材的俊小伙子哩。上水库的时候，我们一个组，有个周家女子，浓眉大眼，长辫子，散了工，她就偷偷塞我一个高粱面饼子"。

茂大爷四个儿子，两个女子，如今孙子孙女重孙几十口人，妥妥的大户人家。谁还能想到，茂大爷小时候跟着老子，流落到陈家庄子，陈老太爷收留了他们，如今，茂大爷一大家子，浩浩荡荡，大半个庄子！

>>> 9 月 24 日

挖出了一只大土豆，头顶着绿油油的新芽，与它沉默的大多数兄弟姐妹相比，这个头顶新芽的大土豆，它太出众，它有野心。

它和它的兄弟姐妹们出生在土里，但是，它不太想老蹲在黑暗的土里，它努力顶破了土，看见了蓝天，有鸟儿飞来，啄了啄了土豆，它在明亮的阳光里变绿，它隐蔽在绿叶当中，风吹过芦苇，野兔从土豆秧下蹿过，蟋蟀在黑夜里弹唱，星空那么美丽，清凉的露水撒满大地。当黎明日出，第一缕光芒抚摸它的绿叶，这个大胆的土豆，开口歌唱。

>>> 9 月 25 日

穿过荒地，荒地上种满了苞谷。苞谷是诚实的庄稼，一棵杆子结一个棒子。苞谷长得高大健壮，夏天的苞谷叶子碧绿狭长，雨水落下来，顺着下垂的苞谷叶子，叭叭滴到土里，苞谷地里就有了许多的小圆窝窝。

秋天的苞谷成熟啦，叶片发黄，结实的大棒子也露出了它的长胡子。一阵一阵的风，吹动干燥的苞谷叶子唰唰作响。

如今有了收割机，只消三五日，荒地上的苞谷就都收完了，荒地一下子空旷了起来，再过三五日，羊群也该出圈了。

>>> 9 月 26 日

黄昏的云彩，更擅长展现她的旖旎，她嘴角带着微笑，但却秘而不宣，她代表归去，亦是去赴约，蕴藉新的开始。

>>> 9 月 27 日

蓝天白云下，一地光板籽瓜个个金黄，绿叶萎谢瓜籽已经成熟，此时，日光浓稠，空气中似乎有粘牙的甜味，让人忍不住咂咂嘴。

>>> 9 月 28 日

天不热，风不燥，正是秋高气爽好时候，一路上，我看见，黑脸膛的男人驾驶着四轮平板车，车上装满红堂堂的辣椒。我看见，苞谷地里系粉头巾的女人，嚓嚓剁着苞谷秆，脚下堆满了黄澄澄的苞谷棒子。我看见，大路边，沟畔下，一个身披黑夹袄的老人，牵着他的老山羊，山羊抖抖胡子咩咩叫。我看见，黄色的蝴蝶，在秋苜蓿地里飞来飞去。

>>> 9 月 29 日

没有风，暖暖的阳光静静地照耀。满园子的杂草，我舍不得薅，任草们兀自葳蕤。绿了一夏，如今也累了，黯然萧凋。在零乱的草丛，我竟然发现了一株小小的稚菊，纤纤细茎，怯生生地开了朵浅蓝色的花。

>>> 9 月 30 日

冬至

（一）掰苞谷挖蔓菁

（二）大风天的热炕

（三）日头照在猪上

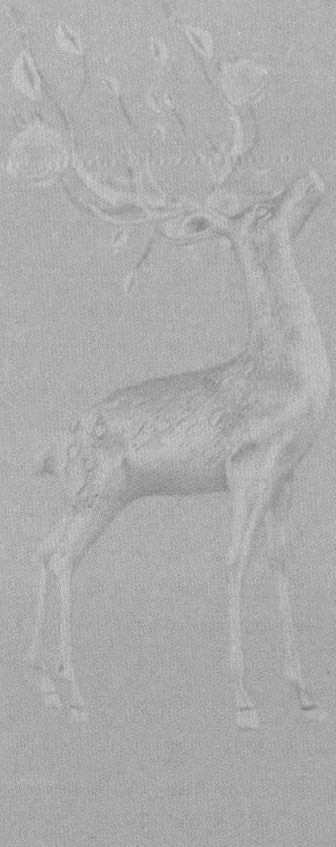

冬水浇完，人就闲了。炉子架起来了，三月饼子烙上了，结结实实忙了一交秋，热炕上去展了，睡一觉。冬闲日子短，忽儿麻儿就到了腊月，杀猪宰羊，蒸年馍，乱叨叨又为过年忙活起来。

（一）掰苞谷挖蔓菁

在这举国欢庆的节日，在这盛装欢乐的人群里，我走出我的苞谷地，加入这光彩夺目的队伍，我的头发凌乱，粘了草渣，我的眼睫毛落满了灰尘，我的衣裳陈旧，我的手掌生着老茧，可那又有什么关系呢，我的眼神是明亮的，我的心是欢喜的，我双手捧着我最漂亮的苞谷，献给我亲爱的祖国。

请接受我最平凡的礼物吧，虽然它不昂贵，可它是我亲手种植的。我浇水施肥，我看着它扬花结穗，在这欢庆的节日，我愿意献上我亲手采摘的果实。

在这举国欢庆的节日里呀，彩旗飘扬，歌声嘹亮，我的心儿也跟着激动起来。

请让我接受您最神圣的加冕，忘记所有的苦和累，为我照亮，内心无上的荣光。

>>> 10 月 1 日

秋天好忙啊，日子短了，天气冷了，地里还有庄稼啊，争着，抢着，赶着，霜冻就要来啦！

拾了苞谷，挖糖萝卜，装上糖萝卜，日头就落了，摸黑又挖了大葱，男人们一碰头，就抽烟，谝闲传，苞谷掰进门了，苞谷秆子还在地里哩！不拾掇干草，夏天羊吃啥哩！哈，老王，看，王嫂子撵来啦。

>>> 10 月 2 日

阴天，零落的雨点，夹着丝丝冷风。忽然闻到了一股酽荡荡的麻头味。停下车，一眼瞅到了路北的土场，场地上拢着一垛一垛的麻头。

麻头已晒干了，今个儿又淋了雨，阴天气压低，潮湿的空气，清凉辛烈的麻叶味格外浓郁。

喜欢秋天场地上的麻头垛，晴天，大群的麻雀儿，在麻头梢上叽叽喳喳。麻头成熟了，也是鸟儿们的节日，不用再为口食飞来飞去劳碌，场院里，大垛大垛的麻头啊，香甜的麻籽儿，由着嘴儿啄，麻头垛下，很快撒落了密密麻麻的麻籽空壳儿！

>>> 10 月 3 日

好天气！南墙根下的日头，热得咯爆爆的！老妈切三月，晾三月片片儿，晒干了，好磨三月面。我拔了萝卜来，洗萝卜，切萝卜，晒萝卜！这样的好日头，不切切晒晒，都会觉着浪费了！

>>> 10 月 4 日

天天有活儿干，哪有啥烦恼，不如意，面对早晨的阳光，花朵，听一曲凉风有信，秋月无边，我只觉时光过得飞快，没有空闲度日如年。

>>> 10 月 5 日

和面哩，才发现没有盐了，跑到庄头老背的铺子里买盐，老背正猫着腰，在墙根下用电锯截柴，沙枣木有些硬，电锯发出吃力的吱吱声。

老背也不搭话，搁下电锯，猫着腰进了铺子。小铺子里挤挤挨挨摆满了各种各样的零碎东西，有烟有酒，有白糖黑糖，有酱油有醋，还有妇女各种颜色的头巾，有彩色塑料盆、成捆成捆的烧纸。

老背也不着急，总是这么慢腾腾的。我只能耐着性子了，等他窸窸窣窣翻出来一包盐，再抖抖索索擦去灰尘，递给我，“一块五”。

从我到这个庄子，老背就是一个人，驼着背，开着一间小铺子。老背不爱说话，但老背心灵手巧，会写毛笔字，会做木匠活。

>>> 10 月 6 日

很多的时候，我对田鼠洞很是好奇。在秋天，庄稼拾掇完，地坡，地埂，茂盛的冰草下，总会发现新挖的田鼠洞。掀开冰草叶子，新鲜的细土，神秘的洞口，我进不去的，看不见田鼠的家里会有啥。

是不是她也会有伙房，有苞谷籽、葵花籽，锅头上，有几粒红红的枸杞，还有啃了一半的小苹果！饭后，她会喝点什么呢？冬天下雪了，她会不会出来挖点儿雪，回去烧茶，炒了枣，熬枣子茶？

冬天的田野上没有一个人，天气好的日子，田鼠会出来晒晒太阳，也会在附近溜达一圈，捡霜打落的沙枣。

>>> 10 月 7 日

山羊心软，会奶绵羊的孩子，绵羊不行，不是自个儿的，不认！

我家以前养着山羊，挤奶。有一只小绵羊很贼，不光吃自个儿羊妈的奶，还跑到山羊那儿吃奶，那只小羊比别的小羊长得更快，也特别淘气，会像小山羊一样上房顶。

>>> 10 月 8 日

月亮上了房，烟囱里冒出了烟，日子短了，地里干活不觉意天就黑了！“吃啥饭，啥也行。”男人搭了话，进后院，喂牲口。女人靠门框，愣了会儿，扭身进了伙房，添水，烧火，洗手，和面。男人提了一筐干羊粪末进来了，填炕洞，燎炕。

>>> 10 月 9 日

后晌，在一块麦茬地头，碰到了一墩秋葫芦。这是一墩晚生的野葫芦。

我蹲下来，拨拉开泛霜的叶片，发现它还结着一个雪白的葫芦。

晚是晚了呵，集中精力，抓紧时间，开花结瓜。纵然只是结了一个瓜，有些仓促，但是却也正是它的智慧，懂得取舍。

>>> 10 月 10 日

就喜欢这样的秋天！

天蓝得那么地洁净，偶尔有一丝风，都是踮轻了脚尖，侧着身子俏然而过。

不见鸟，鸟儿在树椏间啁啾不绝，没有风，树下却落了一地的黄叶。

这样的秋天，蓝的天空，金黄的是满场院的苞谷棒子，还有大堆大堆红色的小辣椒。杏树的叶子一经霜，突然就变得五彩斑斓，酱绿色，褐红色，绛紫色，胭脂色，特别漂亮！

梨树叶子开始变黄，像糖稀，像金箔片，像新铜钱，每一片都可以拾回来夹在书里面的。

在一处空旷的荒地上，还碰到了一株好看的枣树，它的树枝自然舒展，样子特别优美。它的叶子是完整的、绿色的，挂着好多红彤彤的枣子，还不曾有人来打枣。

秋天，在这个时候，忙碌的紧阵儿已经过去了，这时候的活生一点儿也不着急。一路上有人翻晒苞谷，有人在地里挖蔓菁，蔓菁的叶子变黄了，紫红色的蔓菁削了樱子，露出白光光的顶儿，像新剃了的头，显得特别精神。

苞谷茬地里，散落着方方正正的草墩，人们也不着急拉回家，就那么闲闲地晒在日头下。有人家麦子收完种了甜高粱，当初长得茂盛极了，而现在却被霜杀得一片焦枯。

庄墙外的秋燕麦，仗着老墙避风，长得绿油油的，还抽出了细细碎碎的麦穗！

>>> 10 月 11 日

老马敲门，连夜来送油饼。儿子昨天订婚，炸的油饼子。“噢，得炸多少油饼啊？”

“嗯，最少也得两百块油饼子。”

“啊，那么多呀！”

“不多啊，一份八块，也就二十来份。媳妇子家送十二份，回两份。多炸些，庄子上每家送两块，大家伙儿都尝尝。”

>>> 10 月 12 日

又是一夜霜冻，天明，日出，田野上笼着一层淡紫色的雾气。湿漉漉的苞谷叶子变成了酱黄色，茄子辣子西红柿，叶片都冻黑了，梢头的小辣椒，冻得透明。

丢下苞谷，人们抢着收辣椒。留下晾晒的辣椒都熟透了，大部分叶子落了，枝丫上结满了红彤彤的辣椒。

空气潮润而凛冽，远处有人煨了麦秆，青烟低伏，沉滞。

>>> 10 月 13 日

好多人不知道蔓菁是啥样儿的，蔓菁这名字，听着像一个姑娘。

天气越来越冷，我们天天挖蔓菁。

小时候的冬夜，总是在母亲泥炉子上煮蔓菁的咕嘟声里入睡。母亲煮了满锅满锅的蔓菁，用来喂猪。而现在，我们种了蔓菁，也是用来喂羊。

俗语，萝卜变蔓菁，越变越难看。我又想起来了，那时候我们乡里供销社有个营业员，圆团团的脸蛋，小鼻子小眼，短下巴，人们取了个浑名就叫蔓菁。

>>> 10 月 14 日

秋愈深，时光似乎越静。

喜欢宽阔的后场院，墙根下码满了干草垛，晒干的辣椒扫

堆了，铺上了新上场的蔓菁叶子。

秋阳温暖又洁净。

>>> 10 月 15 日

昨晚下了雨，天亮雨住了，阵阵的凉风。苞谷一收完，地上一下子开阔了许多。淡淡的秋阳晒着满地红彤彤的小辣椒。

地里的秋萝卜长得正好，有起苔的萝卜开了紫粉色的小花，一只白色的蝴蝶绕着花朵飞上飞下。我盯了好久，它也不飞到别处去，毕竟秋后田地里的花朵很少了。

好些日子没来，秋白菜生了很多虫子，菜叶被虫子咬得都是破洞。分开鲜嫩的菜心，好几只粉碧色的小青虫仓惶逃走。

>>> 10 月 16 日

下午天转晴，出了日头，温度还是很低，有风，西风。去荒地，半路碰到一块大石头，石头旁边有墩生长茂盛的野豌豆。紫微微的豌豆花，开得那么热闹，全然不顾这冷汪汪的天气。天气突然变冷，夜里温度更低，不知道这墩野豌豆会在哪一个夜晚的寒霜里冻死，但是现在，它们依旧开得热热闹闹。

我走过了很远，忍不住又回头多瞅了几眼。

想起了小时候的某一个秋天，我们在地里拾瓜皮，我扯了好多的野豌豆花，我把它们系在我的头发上，就那么长长的拖曳在我的后背，我得意极了，扭着脑袋，在地里跳来跳去。母亲急性子，见不得干活磨蹭，而父亲却从来不会催我干活儿的，我捡起一个瓜皮干就嚷嚷有虫子，父亲总是笑呵呵地说："我来我来。"

>>> 10 月 17 日

一场霜冻过后，天大晴。

日头晒在脸上是热的，但是呼吸进胸腔里的空气却是清冽冰凉的。

光荣媳妇穿上了棉马夹，在菜地里铲茄秧子。茄秧子的叶子都冻得黑乌乌的，但枝丫间还开着紫色的小花朵，真是可惜呀。

>>> 10 月 18 日

霜冻过后，收完苞谷的荒地便很快凋敝，越来越多的土地被侵占，种植，曾经黑乌乌的沙枣树林子早已不见踪影。后来时兴栽红枣树，也是刮了一阵风，过后无人再提及，为了多种几株苞谷，荒地上的红枣树也在逐渐消失，剩下的几颗秋枣，孤零零地挂在枝头。

收完了苞谷，荒地又恢复了它的荒凉，而我们的村庄里，家家户户门前堆满了从荒地收来的苞谷棒子。我们种植，我们收获，我们心安理得。

>>> 10 月 19 日

这样的一个早晨，日头晒着老墙，猫儿晒着日头，锅里煮着南瓜，咕嘟咕嘟咕嘟。

老五爷吆喝着驴车，拉着一圈笆的红皮洋葱，驴子嘚嗒嘚嗒迈着轻快的脚步，脖子下系着的铜铃铛发出清脆的响声。

大奶奶家后墙根的果树叶子红了，一团一团的红，结的果子肯定是酸的。宽子进来了，请的哩，初十树华嫁女子。

>>> 10 月 20 日

我们在地里挖白菜，阴了一下午的天，在后晌日落前，突然出了日头，只感觉眼前唰地一亮，抬头已是金灿灿的一片。

灰色阴沉的天幕下，干枯的苞谷秆子染上了炫目的金色，冻干了的小朝红也是亮晶晶的红满地，地埂上生着绿茵茵的秋麦。

啊，好一幅流金溢彩的图画！

>>> 10 月 21 日

天气还是那么好，日头晒着金黄的大地，但是一阵一阵的西风，吹得人脸皮儿生疼生疼，一个啊嚏，涌出热辣辣的泪，我们来拔萝卜，我们来挖白菜，桃香来了，系着粉头巾穿着花衣裳，腾哧腾哧剁着已经冻干了的红辣椒。

>>> 10 月 22 日

月亮升起来了，月光照亮了大地，我们还在地上装白菜，雪白的白菜冰凉又潮湿，有秋后的野虫子发出唧唧声。

七月在野，八月在宇，九月在户，十月蟋蟀入我床下，听我们人间闲话儿。

>>> 10 月 23 日

白天开始变得很短，不觉意日头已经落下了，蹲在地里感觉又湿又冷，苞谷收完了，辣椒带秧也剁倒了，老远里瞅去红堂堂一地，这时候地里的绿只有秋白菜和萝卜。

天气冷，早晨的菜叶上一层白花花的霜。

>>> 10 月 24 日

又是一个大晴天，日头早早升上了树梢，照亮了村庄，染黄了井边的芦花，三奶奶家的公鸡打了一个长长的鸡鸣。

冷，一路小跑着来到了马夹沟，我大口地哈着白气，迎着东边的日头，眼睫毛上湿漉漉的霜花闪闪发光。浇过水的地里结着薄冰，桃香家的蔓菁还没挖，叶子冻得硬梆梆的，轻轻一碰就折断了，冒出地头的蔓菁疙瘩也冻得青紫透亮，似乎很好吃的样子，如果不是太冷真想拔一个啃一啃，肯定是脆的。

>>> 10 月 25 日

庄稼一收完，庄子上的羊就出圈了。

农场里，收获完的苞谷地里，到处都是一群一群的羊，大羊低头啃着遗落的苞谷穗，小羊跑来跑去，一会儿找不到妈妈了，吓坏了，咩咩叫得那个急。

后晌天阴了，风里飘着零星的小雨，放羊人蹲在避风的沟坡下，拢着袖筒，喧着谎。这个时节，羊的生活是幸福的。有苞谷籽儿吃，有白菜叶子吃，有结满草籽儿的青草吃，吃得渴了，还有大个头的野西瓜吃。

>>> 10月26日

晌午饭罢，哨子响，队长喊的上工哩。明天放河水，今天挑沟，西夹沟，马夹沟。很快地，男人女人就夹着铁锹陆陆续续出了门，女人就是贪嘴儿，明明才吃了饭的，临出门抓一把葵花籽儿，兜里还要塞个果子。

队长早已蹲在了闸口上，瞅着人们一路消消停停，一副吊儿郎当的样子，气得大骂："河水都到地头啦，你们还要不要浇冬水，明年开春的麦子还种不种啦！"

任凭队长骂得吹猪，男人女人一点儿不着急，还是嘻嘻哈哈的老样子。

>>> 10月27日

浇冬水，全庄子的人出工挑沟。有人问：“你昨个儿后晌捉的野鸡呢，吃了吗？”树争拿着铁锹铲着沟里的杂草，闷声说：“吃啥呢，忙哄哄的，想的先喂上几天，消闲了再收拾，不料早上看，笼子里有水有食，哼哼，死了！”老光接了句：“那野东西不受管，气死呢！”

三爷还喧哩：“野鸡气刚大，性子烈！那年个收麦子，麦田里镰刀下，逮住了一只野鸡，嗨哟，扑腾得厉害，鸡眼洼里清泪长淌呢！老婆子说放了吧，小犬不饶，非要捉回家养，就拿草腰子捆了，搁树荫下。待一行麦子割出来，噢，翅尖反拧，鸡头耷拉，嘴角渗出了血，活活气死啦！”

>>> 10 月 28 日

这马上就要浇冬水了，老马还有大片的白菜在地里！我问：“白菜会冻坏吗？”“只要不下雪，还能扛个十天半月！”“噢，今年白菜多，城里都是卖白菜的！”“是啊，如今是种啥臭啥，去年没收入，今年又是干瞪眼！唉，洋葱在场上撂着，白菜在地里烂着，苦了大半年，我没偷懒，没滑工，临了还是没收入！”嘴里说着牢骚话，手里拿着抹布狠狠地擦着白菜底儿！我说：“剥了一层又一层，都剥到菜心细肉了，带点泥咋了，还擦啊！”老马说：“哼哼，就这样操心弄呢，买菜的人还弹嫌！昨天去城里卖菜，有个女人问，‘一袋多少斤，一斤多少钱？’我说：‘四十斤过哩，一斤四毛！十五块一袋，咋样？’那女人也痛快，竟不再锯价！说自个儿腰不舒服，让我给送到她家，不高，五楼！好勒，卖掉一袋是一袋，我出力气跑跑腿算个啥！她蹬着高跟鞋，咔嚓咔嚓走在前头，我扛着白菜吭哧吭哧跟在后头。上了楼，进了屋，她又说：‘你再给我送上来一袋！’‘哈哈，好！’我一口气又给她扛上来一袋！她解开袋子，翻着白菜，一棵一棵仔细查看，‘呀，有个虫子！咋吃啊！不买了！’‘这，大姐啊，我都给你扛上来了！’我抹了把汗，心急嘴软。‘嗯，那我就要一袋吧！’‘大姐啊，我们庄稼人不容易，春天种上，大半年眼巴巴就盼着秋后的收成，哪像你们当工人干部的，月月有个麦儿黄！这样吧，两袋你给二十八块钱，行不？’‘二十五，能卖你就都放下，不能卖，你扛走！’我，还能说啥呢？接过了钱，踏哧踏哧下了楼。二十五，白受苦。”

>>> 10 月 29 日

我到闸口的时候，一个人也没见着！浑浊的河水看起来一如行了远路的旅人，有些疲乏，到了闸口，打个哈欠，一个漩涡，缓缓而过！人呢，河水啥时候放下来的，巡沟的人呢？奇怪，连浇水的人也没有！难道他们都不知道吗？！哈哈，满沟的河水我一个人浇！好，机不可失，时不再来，开挖！把我家地头的水口都挖开，哗啦啦，哗啦啦！迅急的河水唱着歌儿扭着腰肢欢快地涌进我家地里！四下里瞅瞅，还是不见一个人影！嘿嘿嘿，都说一碗河水一碗油，这，这，这满沟的水，不，满沟的油，都进了我的地！

>>> 10 月 30 日

每年的最后一道河水，我们也叫浇冬水，错前掖后也就这个节气！收了庄稼，犁过茬地，灌足水，今年地里的活生算是了结啦！丰余也好，歉收也罢，冬水一灌，交待老天爷，苦劳了一年的人们也算是进了门！烧热炕，肉煮上，准备过冬！

>>> 10 月 31 日

（二）大风天的热炕

天气还是那么好，墙根下，无风，满当当的好日头！买了一斗炭，小窑炭，价格比大窑炭便宜好多。过去我们喜欢烧大炭，耐烧，火焰旺，最近这几年，大炭价太高，一斤一块哩，树泽说，那是烧炭，生生烧钱儿哩！小炭烟大，烧火的人，黑鼻子乌眼！

天气真好啊，都不相信冬天就要来！

>>> 11 月 1 日

昨天后晌起了大风，入冬的头一场大风！一时间，天昏地暗，沙尘飞扬。早已习惯了的我们，闭紧门窗，烤火吃饭，不慌不忙。大风来得快去得也快，半夜风住，老婆热炕！

天亮，日头像个没事人，背着手款款走将出来。

>>> 11 月 2 日

吃饱喝足，热炕上一觉斗醒。吃个果子，趁着南窗的好日头，缝被子！如今的生活越来越好，好在哪儿，方便，一年到头，不拿针线，不缝衣裳不做鞋，旧了破了就扔掉，买新的。夏天轧棉絮的，拿花被面轧了，套个被套直接盖，不用缝被子，多方便！

我却是喜欢缝被子的，很多的时候，半跪在炕上，拿起针线，心就会静下来，于一针一线里，光阴也慢下来。屋子里温暖，安静，光线柔和，远远一声鸡鸣，是很多过去了的哪一个时刻呢？在记忆里，在老庄子里？

>>> 11 月 3 日

又是一个大风天，睡在炕上，能听见烟囱里的风声，呼堂堂直响，门窗紧闭，屋里的空气极度干燥，热烘烘里弥漫着沙尘味，翻个身继续睡去，睡梦里竟然闻到了炒麦子的味道，还有风箱啪哧啪哧有节奏地响，有人在门外说话“牛跑了”，我也翻身下炕，找不到鞋子，我赤脚踏在冰地上，屋里很暗，还是有炒麦子的味，屋里很静，外头也很安静，我突然有些惊慌。

醒了，还在炕上。

>>> 11 月 4 日

大风过后，老天爷似乎还没喘过气来，眯着昏花老眼，拢了拢皮袄，筒着手，靠墙根打盹儿，我不出门。

一恍惚，竟然到了老庄子，一早坐在四太太的门槛上，厢房门朝东，整个院子里只有这儿最先照日头，我的父母和叔老子婶娘们，都到生产队上工去了，小脚的四太太是从来不上工的，她掰了一小块黑馍递给我，我坐在门槛上，晒着日头吃馍，舍不得一口吃了，一点儿一点儿地嚼。

这辈子再也没有吃过那么香甜的馍，老庄子里的很多人很多事，我都忘掉啦，我坐在门槛上，那个冷天的早晨，我坐在四太太的门槛上吃馍，我却记得清清楚楚。

>>> 11月5日

窗外飘着零零落落的雪花，我在暖烘烘的屋子里，将整颗的大白菜一切两半，白菜发出哧啦一声钝响。每年腌白菜，都会想起小时候，还是那个大庄子，新入冬的天空，干净的蓝，靠墙根热烘烘的暖，褐色的敞口大陶瓷盆，重而结实盛满清水，我趴在盆沿上看我的影子，大头的影子在水上晃，我扬起了水抹到我的头发上，奶奶骂我尽在脚底绊，奶奶切了满筛子的大白菜，三叔挪出来了大缸，那缸好高好深啊，三叔轻轻将缸丢倒，缸接触地面时还是咣了一声，惹得奶奶又是一番叨骂，洗了缸躺日头底下晒着，新洗干净的缸内壁油光发亮，我趁人不注意爬了进去，我一动缸就滚我愈动缸愈滚，奶奶大骂，三叔笑嘻嘻地蹲下，一把把我拎了出来，亮晃晃的日头下，我眉眼湿漉漉地笑。

>>> 11月6日

多好的切刀用久了都会老，得磨，如果手边没磨石，厨房里，灶台旁，就是大水缸，操刀挨水缸沿，咣嚓、咣嚓一来会，老缸碰上老刀，听得出好钢刃的清脆声，从缸底再折射出空谷回响！

有一个场景在记忆里时常浮现，寒冷的雪后晴天，深蓝的天空，明亮而刺眼的阳光，静静地照耀着雪白的大地。光秃秃的白杨树下，小而低矮的村庄，传来了咣嚓、咣嚓的响声。

谁家的小媳妇呀，在水缸上磨她的切刀。

>>> 11 月 7 日

一伙女人坐在老马家炉子前，老马端了一碗葵花籽来，唰地洒在炉面上，炉面早已烧得发烫，葵花籽倒在上面，一会儿就散发出焦香味儿。彩花用铁勾子来回拨着葵花籽，女人们便一粒一粒拣着嗑起来。风还在刮，西庄老旦家儿子明天订婚哩。

>>> 11 月 8 日

河水浇完了，洗白菜，腌酸菜。梅英进来了，看见我洗了一大筛子白菜，很吃惊："这么多，腌一大缸吗？""是啊，吃的人多，大姑，小姑，我们三家吃哩！"

噢，过去一入冬，腌白菜就是大事，家家户户腌这么一大缸。

是啊，以前生活条件不行，哪有啥新鲜蔬菜，冬天全凭萝卜、白菜、三月扛！

>>> 11 月 9 日

老明和老五是老搭档，趁天气还不是太冷，今天请了他们来备盖棚子的木料。

我笑老五穿破衣裳，老五故意抖起破袖口，干的就是苦营生，穿的也是破衣裳，自在！

老五力气大，饭量也重，当然，最有名的，是他爱放屁。

老五蹲着惯了，靠着沙发吃饭，我递给他凳子，他说蹲着舒服，坐着咽不下饭。

他说最怕走城里亲戚，屋里没门槛，吃饭没处蹲。

>>> 11 月 10 日

晌午饭罢，磨坊磨面。

外头多冷，磨坊里总是暖烘烘的，空气中飘浮着细细的飞尘，氤氲着淡淡的麦子甜味。

我喜欢这个味道，磨面机发出深沉而缓慢的轰鸣，一切都是那么地温暖亲切。

小时候，跟着奶奶去磨坊，驴子蒙着眼睛，拉着磨盘，咯呀呀一圈又一圈，在驴子节奏匀缓的嘚嗒声里，沉重的石头磨盘偶尔咯噔一声，碾碎的麦粒便沿着磨盘簌簌而落。一会儿，奶奶开始箩面，昏暗暖和的磨坊，箩儿在光滑的擀面杖上，又发出愉快的咣啷声，也是非常地好听。

后来，有了带电的磨面机，我也会跟着母亲去磨坊磨面。那时候的磨面机还不是自动上料的，地上接着面匣，需要人工把磨碎的粗粉再加进去，一遍又一遍，直到粗粉磨成细白面。整个过程，很是乏味，我也很快会在枯燥的磨面机啵哧、啵哧声里打盹。

>>> 11 月 11 日

和面做饭，手刚入面，突然听到一声尖利的猪叫！哇，三爷家杀猪！后门外，墙头下，一伙男人们正趴在猪身上，双手死死按着猪，猪呢，死到临头心有不甘狠命嚎叫！哈哈，有句老话：“你呀，成人怕受苦，成猪怕挨刀！吃好睡好临了躲不过一刀！”

>>> 11 月 12 日

最能消磨人的战斗力的，就是吃饱喝足，冬天的热被窝！一肚子黄米肉稠饭斗饱，热炕上一倒。

过去有句话，老爷生得富贵，吃饱了一睡。

>>> 11 月 13 日

好天气。冬闲无事，喜欢靠在后场院的干草垛下晒太阳。

>>> 11 月 14 日

无风，无霜

日头还没起

朝霞先红了脸

晚上的炕太烫

喜鹊落在梢头

烟囱里冒着烟

土路上蹄印凌乱

粒粒粪蛋，新鲜又洁净

>>> 11 月 15 日

我来到羊房的时候，羊已进圈，放羊人烧了热炕，回庄子上吃饭。我是一个陌生人，行为可疑。羊不认识我，但也不怕我。

麻雀们呆在柴垛上，并不飞走。沙枣枝丫扎的篱笆，爬满了累累茑萝绒球儿，非常好看。

羊房门上挂掐花棉门帘。

最喜欢墙脚晒着的羊板粪，有了羊板粪，早一块，晚一块，填炕，非常地耐烧，炕还烫。

>>> 11 月 16 日

整整一天，没见日头。

后晌会儿，竟然下起了雪。零零落落的小雪花随风飞舞，在房檐下，在门廊口，在台阶上，雪花无声地飘落。

如今的冬天很少下雪，很多个时候，望着窗外灰色的天，想念小时候的大雪。冬天的天亮得迟，庄子上的娃子们相互吆喝着上学去，出了庄子，天并不黑，白光光的雪地，一伙儿娃子们咯吱咯吱踏着雪，远处传来汪汪的狗叫声……

>>> 11 月 17 日

就喜欢这样的天气
要晴就晴
晴空万里白云朵朵
要阴就阴
狂风怒号白雪飘飘

冬日无风的午后
日头晒着暖洋洋的村庄
墙根下的雪化了
清冽的空气
带着点儿铁味的生甜

沙窝里的雪，是安静的
风吹动枝丫上，红红的沙枣
一只野兔踏着雪，跑远了
透明的耳朵
逆光跳跃

此刻
沙梁上的雪
正在无声地融化

>>> 11 月 18 日

晴瓦瓦的好天气！在静悄悄的后场院晒着日头真是舒坦！我和父亲剥玉米皮，有搭无搭说着一些闲话，或者啥也不说，任由手里的玉米皮窸窸窣窣。偶尔有风，秆梢的枯叶呜咽轻响……

>>> 11 月 19 日

月亮升起来了，透过细密的白杨枝丫，将金色温暖的光芒轻轻洒落，庄墙后的小路，树影婆娑，茅草叶尖，散发出点点银光，入夜的空气格外地清寒，栖息在高枝上的鸦鹊，不发出一丝声响。

月亮越升越高，低矮的村庄，呼吸均匀。

>>> 11 月 20 日

喜欢听严大说话，不管日子过得多紧困，他总是乐观的，积极的，从来没有一句抱怨的话。

他半个月前从新疆回来的，他们队里盖抗震房，他也盖了三间。他说："现在的社会太好啦，国家白给盖房子。老婆还在新疆，老板种了两千多亩苞谷，苞谷收完了，女人们拾遗落在地里的苞谷棒子，一天挣二百块钱儿哩。新疆是个好地方，大片大片的农场，一眼望不到头的苞谷，还有棉花，好家伙，白花花的棉花一开，白天白地的。嗨，现在的社会好啊，只要你下力，哪儿去也能挣到钱儿。儿子娶了媳妇，借哈的五六万，我们打一年工就还清啦。趁着我们身体还好哩，多挣一点，以后老了就少拖累哈儿女。"

>>> 11 月 21 日

落日的薄光，照亮一朵一朵的绒花，冬天的日子黑得早，桃香铲着干透的羊板粪，结结实实装满了一筐子。

羊板粪是好东西啊，蒸馍，馍暄，烧炕，炕热，煨着羊板粪，那种热烘烘的牲口草料味，令人熟悉又安稳。

>>> 11 月 22 日

午后的日头，静静地晒着场院里的苞谷、辣椒。雪化了，淡淡的湿气升腾，四野悄无声息，结冰的地里白雪覆盖，有鸟兽的小脚爪，跑着，跳着，它们也是贪玩的孩子哦，专捡有雪的地儿跑。

>>> 11 月 23 日

冰冻的大地，初升的红日，西风吹过落光叶子的树林，村庄里传来声声鸡鸣，冬日的早晨，清肃又安静。

>>> 11 月 24 日

沙尘暴就是个乡下醉汉，冬闲了，窝不住，吆喝起来喝大酒，喝醉了，打滚撒泼耍酒疯！

第二天，风过天晴，沙尘落定，暖洋洋的日头普照大地。

我扫院子，门前淤积的沙土，极其细绵，又是那么温柔安静。

>>> 11 月 25 日

大雪小雪，庙里冻死老爷！今日小雪。

>>> 11 月 26 日

一直是很固执地喜欢吃这个老饼干。夏天浇麦子，我会买一包，蹲地头，咯噌咯噌，脆生生，甜丝丝，酥渣儿落地，蚂蚁闻香而来。

那时候的我，只有三四岁吧，有了记忆。母亲用架子车，拉我去乡医院看病。记得很清楚，出门前，母亲说，掐花抽抽拿上，给你买饼干吃。我没拿，非常自作聪明，我才不会拿，又哄我打针！打了针，开了药，出了医院，紧靠着的就是供销社，母亲放下车辕条，问我："掐花抽抽呢？"啊，我愣住了，我没拿。母亲没说啥，进了供销社红柱子的大门。一会儿，用头巾包着一包饼干出来了，递给我。

好多年过去了，我一直记得很清楚。

>>> 11 月 27 日

猫老了也和人老了一样，失了朝气，不爱动，有人逗它，还嫌烦！

配钥匙的老人已经很老了，铺子里挂满了各种各样的钥匙。每次进了他的铺子，我都想，他一定是童话里的老魔法师，他的这满屋子钥匙，肯定能打开全镇人家的大门。

>>> 11 月 28 日

一早队长吹哨子，喊“下午丈地哩”。

晌午饭罢，一户一口人，跟上队长，西夹沟丈地，按人口分地。这下好了，好地赖地，打乱重新划分。“就是！西庄那漏沙坑，我种了十来年，年年麦子结的小穗穗！”

“是啊，东庄那碱土滩，苞谷苗苗刚出土，一场雨，就让碱烧坏了。哼，不要高兴得太早了！好地谁也想种，赖地给谁呢，说不定自个儿倒霉，又抓上啦！”

“哈哈哈，种庄稼靠运，倒灶鬼放粪！”

>>> 11 月 29 日

今年的苞谷行情好，苞谷还没干，收苞谷的农用车就庄头巷尾穿梭哩，车头架着大喇叭，天天喊：“收——苞——谷——”

>>> 11 月 30 日

（三）日头照在猪上

我看见，你的眼里有无垠的天空，我听见，你的心里深海静流，你说十二月你好，我说新的一年又将来到，有春风有花朵，去年的燕子将要带来南方的雨水，寒风凛冽，你鼻尖通红，咧嘴一笑。

>>> 12 月 1 日

空气格外清冽，灌完冬水的地面，结着厚厚的霜花，一脚踏下去，喳喳响。

日头升起来了，不扎眼，像个软软的蛋黄，汪在薄雾里，一漾一漾。

>>> 12 月 2 日

日光照在猪上。

猪哼哼，树泽婶子倚在猪圈墙头，长时间瞅着她的猪，目光慈祥，很多个早晨，她下炕顾不得洗脸，头一件事就是烧水搅猪食，然后拎着猪食桶，到后院喂猪，鸡咕咕围上来，羊咩咩叫，她都不理，她径直到了猪圈，哗啦啦一桶食倒在猪槽，猪食还冒着白气。

猪是糖性子，抖抖身上的麦草，伸个懒腰，耷拉着耳朵一步一哼哼。猪不着急，树泽婶子急了：“啰啰啰，赶紧儿的趁热吃来！”猪晃到了槽口，下嘴呼咚呼咚吃将起来。

日头升起来了，跃上后院的柴垛，照着圈里的猪，照着圈墙头的人。

>>> 12月3日

无风，天空清蓝，一架银色的小飞机，拖着雪白的尾巴，缓缓飞过村庄。

当我们穿过一片去年的葵花茬地，看见好多的野鸡，披着彩色的羽毛，悠闲地在地里踱着方步，不时昂首关关鸣叫。

我看见，沙窝湾里，生长着茂密的红柳，数不清的麻雀躲在红柳棵子里，叽叽喳喳叫个不停，还有喜鹊，远远地飞来。

路过老庄墙，一只肥猫轻轻跃上墙头。

>>> 12月4日

入冬后，庄稼人闲了，拾掇了羊毛擀毡的人家多了。娶媳妇子嫁女子，谁家不准备两床新毛毡哩。

我们进了热烘烘的毡坊，精干的毡匠手底下干着活儿跟我们喧着谎。过去毡匠大冬天在院子里赤脚洗毡，两个匠人搭伙儿，扯着毛绳喊着号子，一勺滚水泼到毛毡卷儿上，匠人们一吼一扯甚是热闹！

>>> 12月5日

早上，十队的两个老汉进来了，他们是亲兄弟，都八十多岁了，我丢下手里的抹布，给他们照相。我非常喜欢给这些老人拍照，他们呢，一听我说拍照，总是非常认真地对待这件事儿。刚拍了一张，他们说：“停一哈，媳妇子，我去喊我们老三去。”很快地，三弟喊来了。哈哈，三兄弟端端正正坐到一起了，好，拍照。

他们有些害羞，但是每个人都咧开缺牙的嘴巴呵呵笑。他们过去的成分是地主，受尽了磨难，住在那个老破的大庄子，过着很苦的日月。但如今，他们都儿孙满堂，苦尽甘来。更可贵的是，他们是这庄子上唯一这么大年纪兄弟仨都全活，身体也没大碍的人。

>>> 12 月 6 日

日头还没出来。

清晨的天空，笼罩着一层薄薄的浮云。

我不知道，我曾经多少次穿过这排白杨树。

走过桃香家的苜蓿地，到我的那个大棚里去。

那时候我的棚里种着西红柿，西墙根的芹菜生长茂盛，棚口有个大水池，水池里有青蛙。大棚里的冬天永远都是温暖如春，西红柿开着小黄花，结着一串串青果，芫荽开着细白的碎花，南墙根的草莓长得郁郁葱葱。

我喜欢我的那个大棚，我每天早晚都要到棚里去，大部分时间我去干活，掐条，授粉，有时候也不干活，我坐在水池边，看书，暖暖的阳光晒着我的头发，晒着我的肩膀，水池里偶尔会咕咚一声，那是青蛙在跳水，也有小小的蝌蚪，挨水池边一撮一撮地游，水池壁生着油汪汪的青苔。

>>> 12 月 7 日

喔——喔——喔——

午后，烤火，闲喧谎。

突然一声鸡鸣，嘹亮，高亢。

我出门看，原来是孟晓燕家的白公鸡上了房。

>>> 12 月 8 日

每次大风过后，总会带来一个响亮的晴天！老爹老妈趁着放水，冲洗羊下水。

老旦媳妇子说，羊肚肚炒上好吃，就是太难洗！

三奶奶说，生是脏熟是香，嫌麻烦就不吃了。

墙头的白猫喵呜一声。

>>> 12 月 9 日

天太冷，夜里最怕母羊下羊羔子。炕热，人却睡不实落，一会儿翻身下炕，打手电筒羊圈瞅一哈，绵羊老实，疼也忍着，不知啥时下哈了。小东西踢弹着腿子，哆罗罗，母羊不住地舔着湿透的羊羔，赶紧的，抱回屋，老婆子，炉灰刨出来。

>>> 12 月 10 日

天亮了，风还在刮，白寡寡的日头高高地挂在天上，发出冷汪汪的光芒。

就这样，大风一直刮到了后晌。真是奇怪，日头一跌，风止沙落，天空出奇地安静，澄明，有白色的云朵，娇小的新月，成群的大雁嘎嘎飞向水库的方向……

>>> 12 月 11 日

雪后天晴，安静的村庄，若不是谁家的鸡远远叫了一声。

我都会怀疑这样的村庄还有没有人居住。

怀念小时候的村庄，也是这样的雪后天晴，男人们从滩上赶回来了羊。

妇人们挤在南墙根下晒日头喧谎。

庄子外的雪地上传来了孩子们的尖叫声。

>>> 12 月 12 日

早上天还没亮，老爹就来喊我们，今天杀羊，早些去滩里抓羊。

我们到了羊圈，元林二爹已经把羊赶出去了。老爹一跺脚：“喊地早些出门，你们就磨磨蹭蹭。哼，这下好了，滩里撵羊。”

羊群一出圈，就撒野了，根本抓不住的。我们在外沙河找到了羊群，二爹说：“走，上卢三家羊圈吧，滩里是抓不住羊的，把大肚子母羊不了撵得吓坏了。”

我们把羊群就近赶进了卢三家羊圈，一时间大羊小羊咩咩乱叫。准备杀的羊都是开春就留下的小羯羊，到了冬天就长成了三十斤的大羯羊。有的人家讲究，羊羔子养两年三年，就为了吃个满口。

>>> 12 月 13 日

赵玉存喜欢笑，说话嗓门又响又亮。

我说喜欢听她笑，她越发咯咯笑得停不下。

两口子装辣椒，老汉卢忠林，小眼睛，老实人。他不戴口罩，不住地打喷嚏。

去年小辣椒值钱儿，一亩地卖八千，我们种的大辣椒。今年家家都种小辣椒了，嘎，不值钱儿啦。

大辣椒值钱儿了吗？

也没有，但是摘大辣椒轻松一些，趁鲜就卖啦！

一球样！啊嚏！

>>> 12 月 14 日

那天我们去打沙枣，在一片荒地上，生长着很多的苍耳。

孟晓燕没注意，跑来跑去拾沙枣，谁知一低头，发现身上沾满了苍耳子。马哥晃着长长的竹竿笑：“你赚大啦，不光拾了沙枣，还落了一身的苍耳子！”

苍耳喜欢生在偏远的野地里，庄前屋后很少见。

>>> 12 月 15 日

天气很好，出去街上转了一圈，没有碰到一个人，只有蓝瓦瓦的天空，白光光的日头，晒着安安静静的黄土老庄子。

什么时候啊，我们的庄子变得这么安静？

庄门是开着的，但是院子里静悄悄的，我不想进去，我知道，就算你们在，也是烤着火，眼睛紧紧盯着手机，我们挤在老马家炕上打扑克是多久前的事啊？

彩花如今也不过来了，以前她是那么地爱打扑克，在夏天长长的午后，她会牵着小丫头的手，来我们街上玩扑克。那时候桂青婶子也没有出外打工去，宽子媳妇也在，一伙女人们玩得多么嗨畅。那时候小军媳妇也不在城里卖烧烤，她丢起牌来响亮又攒劲。张二嫂是个活泼人，爱热闹，说话又快又脆，如今她的腿受伤了，还住在医院里，庄门终日紧闭。

老马准备娶媳妇了，我们也很少去她家喧谎儿，她忙着拾掇屋子，置办东西。那时候，庄子上的女人们好多呀，一闲哈，就在她家打牌，十来个女人凑几桌哩，炕上、沙发上坐满了女人们。

那时候老虎家种的白菜少，老虎的妈也不是整天蹲在地里削白菜，她穿上裙子去跳舞。还有树金婶子，也不再去跳舞，上城哄孙子去了。宽子媳妇是个洋气女人，干活利索，喜欢穿高跟鞋，她们一有空儿，就打扮漂亮逛城去。自从她在内蒙打工，庄子上的女人似乎也不爱打扮了，踏着拖鞋就站在墙根下喧谎儿。

>>> 12 月 16 日

下雪了，想起了我小时候上学，冬天天亮得晚，每天早晨出门天还是黑洞洞的，庄子上的学生娃也多，你喊她，她喊我，热热闹闹搭伙儿上学去。一伙娃子们，踏着雪，笑着嚷着，穿得不厚，腰食也不够，倒也没觉得多苦。

那时候人家很少有闹钟，也没见过手表。父亲总是听鸡叫，估摸着时刻叫我，有时候叫早了，我跑去叫别人，有时候困，没来得及叫我，庄门就响了，有娃子们拍着大门喊我。父亲赶紧儿拉开灯，边起边叫我，待我下了炕，父亲已开了大门，瑞华、梅子、英英她们呼啦啦进了屋。头脸也顾不上梳洗，背起书包匆匆跟着她们出了门。

就这样，没有闹钟，我们几乎一学年也不曾迟到过。

>>> 12 月 17 日

雪后天晴，日头格外地亮，透过向南的玻璃窗，明晃晃地落了一炕。

天冷火旺，生铁茶壶里的水又滋滋地响了，壶嘴噗噗冒着热气。老汉饭碗撂下就出去掀牌，着急忙慌地，一闲下来屋里就盛不哈！梅英叹了口气，拾掇完锅头，脱鞋上了炕，端过针线笸篮，拿起纳了半拉子的鞋底，顺手将钉把子在鬓角头发里擦擦，再盯着针脚扑哧扑哧打眼儿。麻绳儿又细又长，纫了针，捋顺，嘴里轻轻一抿，哧啦哧啦，一眼一针一线一扣。

日头可真是暖和啊，晒得人脸子耳朵都发烫，热烘烘的炕，烫屁股，却舒坦。茶壶里的水开了，滋滋声变粗了钝了，懒得去提，莫加炭，任它就这样咕嘟下去吧。

壶里的水噗嗤噗嗤，手里的麻绳儿哧啦哧啦，平平仄仄起伏连绵。渐渐地，水声弱了下去，麻绳儿也缓了，梅英终于停了手里的活儿，头发梢遮着脸，头耷拉下去，下去，忽然一个激灵，睁开了眼，坐直了身子。鬓角里擦擦针，又强打精神纳了几针。慢慢地，发梢又遮住了眉眼，低着头打盹儿。如此三番，罢了罢了，推过鞋底针线，拉过枕头，身子一歪，丢展了睡一觉！

日光满炕，茶壶里的水有搭无搭地响，滋儿、滋儿。

又一个半晌过去了。

>>> 12 月 18 日

本来我是跟着羊群的，可是一进了沙枣林子，我就被眼前满枝丫红通通的沙枣子吸引了，完全忘了羊。待我端着手机吃足了沙枣，回头找羊，却怎么也找不到。

羊也狡猾，为了躲我，大羊小羊不吱声。我放轻了脚步，钻进了林子，还是看不见羊群，只听见喜鹊干巴巴地叫了两声。一直往前走，林子里很静，有不知名的鸟儿很小心地叽叽叫，远处还有斑鸠的叫声。

在一处树桠稠密的沙窝湾子里，我终于找到了羊群。

>>> 12 月 19 日

一早婆婆打门："大天四亮啦还睡哩，大尾巴母羊死啦！"

"冷得很呀，五更里你老爹把羊赶上滩，天亮了才发现，少了大尾巴。回头找，大尾巴在拐弯洼里躺着哩，走到跟前，才发现母羊下羊羔子哩。嘎，天黑里没看见，羊羔子倒产，先出来了两个蹄子！坏啦坏啦，大尾巴眯着眼睛挣扎了几下，咩了声就没命啦！"

"噢，羊羔子呢？"

"母羊死啦，羊羔子也完啦。唉，肚子底里走风的牲口，说死就死啦！"

>>> 12 月 20 日

天气很冷，我出来得最早，日头刚露半点眉眼，粉红色，极美。大路上，有淡淡的雾气笼罩。天那么蓝，挂着白霜的老榆树，在阳光下发出亮晶晶的光芒。太冷，我们都戴上了棉帽。空气多么地新鲜。光荣媳妇说：“说的闲了闲了，这早赶羊，午吃肉，下午喧谎，晚上打牌，反倒撵三赶四不消停。”

我们踏着薄雪叽叽喳喳走过，哈出的白气，在头发梢、帽沿、眉毛，凝结成湿漉漉的霜花。

回来的时候，路过凤仙家庄子，凤仙搬到城里好几年了，满墙根的枣树，枣儿落了一大路。人走车碾，变成了一条甜甜的枣儿路。

>>> 12 月 21 日

好天气，雀儿叫得那个欢实！

今天好日子呀，远处传来一阵一阵的喜炮声，冬闲了，娶媳妇的抓紧娶媳妇，嫁女儿的拾掇上嫁女儿。

想起了小时候，一到冬天，几乎每逢双日子就有娶媳妇嫁女儿的。我最喜欢的便是放寒假，碰上庄子上嫁女儿，好家伙，娶亲的开来一辆蓝色东风大卡车，一阵鞭炮响罢，新娘子上了驾驶室，司机开始“欺负”新娘子要鞋垫子。而我们是不管这些的，我们开始跟着大人们扒车，进车斗，能挤多少人挤多少人，几乎半个庄子上的男人女人都要去新郎家吃酒。啊，那可真是挤啊，就为了白吃顿席。后晌天黑吃饱喝足，回家的路上，喝得醉醺醺的男人们一个劲儿往女人堆里挤，挤得一车的女人嘎嘎直叫。

>>> 12 月 22 日

饭罢，闲来无事，喊了孟晓燕，光荣家烤火，喧谎。

一交秋，庄子上的女人们忙着打工摘辣子，平常都见不着，这冬闲了，串串门，喧喧谎，生了许多热闹。

提起了打工，会萍说：“嗨，现在一天挣一百块，竟然也没觉多，记得那一年，给老朱家种瓜，地里土坎大，铺了一天地膜，后晌胳膊都疼得拿不起来，但是，老朱给我们一人发了十五块钱儿，哎呀呀，那个高兴啊。也不觉着乏了，竟然一口气扯趟子回了家，给老汉看，十五块呀！真的，头一次挣钱儿，兴坏啦！”

“是啊，还是如今的社会好啊，只要不怯懒，出门就有钱儿挣。唉，想起了当年我怀着头一个娃，要到城里去检查，可是家里就困难得没有一分钱儿，半路上到我爹那儿借了二十块钱。检查完，医院里交了十八块五毛钱，剩下一块五，买了双新袜子。过来到市场大门，看见一个老婆子卖杏子，青皮透着红脸，我瞅得馋，手里却没有钱。老婆子看着我是个大肚子，忍不住捧了一把，递给我，‘吃去吧媳妇子，谁也是从这个节儿过来的’。”

>>> 12 月 23 日

又是一个挂霜的早晨。

蓝色的天空，明亮的阳光，照耀着挂满霜花的枝丫，喜鹊在枝梢上喳喳鸣叫，空气清冷而凛冽。

>>> 12 月 24 日

今日路过我曾经念书的小学。

以前那低矮的教室早已变成了整洁的红砖瓦房，但是，几年前已经荒弃了，没有一个学生，现在已经成了村委所在地。宽阔的新操场上，白雪覆盖，静立的旗杆，红旗飘扬。

校园外的那些老榆树还在，守着寂静的村庄。庄子上也很少有人，念书的那时候，我最喜欢住在我的老姨奶家，她家就在学校后墙根下。姨奶家没有儿子，生了七个女儿。最小的女儿跟我是同学。老姨爷去世得早，老姨奶一个人养育着女儿们，虽然家里特别困难，但是一大家人非常地快乐。我经常赖在姨奶家，母亲不得不送了面粉和猪肉到姨奶家。

>>> 12 月 25 日

飞来一只喜鹊，落在庄门外的枣树上，喳喳一声，一番左顾右盼，迅速揪了一颗枣，然后，若无其事地款款飞走。

>>> 12 月 26 日

老三家昨天杀了猪。进了院子，迎面吊着一个猪头。进了屋，老三热炕上躺着睡觉，老婆围着炉子烤火，嗑瓜子。

一墙根的白菜，一缸咸菜，再杀头猪，有炉子，有热炕，农民的幸福生活。

我说给我条猪腿。老三老婆咯咯笑。

自个儿养趟猪，总不能只落个猪头。哥一条腿，姐一条腿，妹子一条腿。

一头猪，总共几条腿！

>>> 12 月 27 日

草垛下的日头暖烘烘的，四爷肩上斜搭了旧皮袄，蜷在那儿丢盹。皮袄是老羊皮子，领口磨脱了毛，油黏黏的皮子发黑发亮。羊们晒乖爽了，安安静静卧在圈里，空气中氲氲着一股淡淡的干苜蓿味。

>>> 12 月 28 日

烧蓬灰的人，采来一大团一大团的刺蓬棵，堆得像山头一样，再就地儿挖一沙坑，扔一团，点着火，嘭滋嘭滋燃烧起来，紧接着再扔一团，火焰冒得老高，只十来分钟，山头高的一堆刺蓬棵就烧完了，沙坑里酥酥一层灰烬，趁热，泼盆凉水，滋啦啦，凝结成几疙瘩浅绿色蓬灰。

>>> 12 月 29 日

老话说，放羊三年，给官不做。

确实啊，就在这一片远离村庄的沙窝里，盖一间小房子，搭一个篱笆羊圈，每天早晨起来喝一碗烫乎乎的油茶，赶羊出圈。

羊儿们在滩里跑来跑去，啃食各自喜欢的干草，放羊人蹲在避风向阳的沙窝怀里，听唱戏机，跟着哼哼两句，晒热了，就地睡一觉。醒来，日头已向西，吆喝羊群回羊房，顺路拾一捆碱柴根，后晌一顿羊肉黄米面条。

>>> 12 月 30 日

我住在我的庄子上，整个冬天，我们很少出远门。

我们会经常打扑克，也会站在南墙根喧谎晒日头。

冬天的夜好长啊，六点钟醒来，窗外还是黑洞洞的，有风的日子，炉火多旺啊，我们烙三月饼子吃。

天气晴朗的午后，我站在空荡荡的大街上，我看见，大奶奶穿着厚厚的棉袄，到马夹沟给羊背干草，三奶奶院子北墙根呀，高高的白杨树，过冬的寒鸦落在晴天的枝梢，晒着翅尖，发出愉快的叫声。

村庄里的日子过得不紧不慢，我们按时吃饭按时睡觉，男人们去放羊，女人们打扑克，我们度过的每一天只要是快乐的，它就是美好的，我们的时间也不曾浪费，我们心里踏实，一年不觉意就很快过去。

>>> 12 月 31 日

后记

十来年前吧，庄子上突然来了好几个大学生，在早春的大风里，在村里的地上，他们种试验田，他们种了苞谷，种了棉花。在夏天快到来的时候，他们又种了西瓜。那时候，我们还养着两头驴子，他们的老师，经常喊我们吆着驴子给他们干活。在村庄里生活久了，见到的都是我们庄子上的人，能和好多的大学生一起干活儿，是一件多么高兴的事儿呀。

我喜欢听他们说话，都是我们庄子上不知道的事儿。相处久了，我们熟悉了，我也可以和他们喧我们庄子上的事儿，没想到他们竟然也喜欢听。

很多的时候，他们在地里做实验，我帮他们浇水，看着地头的野花一簇簇地开，看井水汩汩淌进田里，听鸟雀在黄昏叽叽喳喳鸣叫，割草的老汉背着他装满青草的筐子，在日头落下的时候回家，我坐在地头，掏出铅笔，写在纸条上。我的衣兜里，装了好多这样的纸条。有一次，我正写得入神，有个叫张玉新的学生过来了，他说："嫂子，你这么爱写文章啊？"他那么随口一问，我倒害羞了。小张说："嫂子，我给你手机上下载一个微博吧，你想写啥，可以发到微博上，不光可以保存下来，在网上，还会碰到好多和你一样喜欢文字的人。"

就这样，我像写日记一样，认认真真写了十年。正如小张说的一样，通过微博，让我认识了好多爱好文字的人，比如我最早认识的朱默屿姐姐，她是一家报社的记者，她关注了我的微博，并且联系了我，给了我生活和文字上很大的帮助，并且鼓励我继续写下去。

二〇二〇年，微博上有个叫张华的女生，她给我发私信:“大婶,你愿意把你写的文字以书的形式出版吗？”

我笑了，丫头啊，出书得花好多的钱儿，大婶是个农民，女儿上大学要钱儿，公公婆婆也老了，需要照顾，哪有闲钱儿出书啊。

没想到，那个女生说：“大婶，我是华中师范大学出版社的编辑，我们出版社希望出一本书，让更多的人关注当下乡村女性的生活，展示千千万万的中国农村普通劳动妇女的风貌。”

说干就干，就这样，我用了一年的时间，整理出了一年的文字，画了很多我们庄子上的人，因为熟悉，我画得也很顺手。

在这儿，我也很感激我的家人，为了让大婶写好这本书，我的爱人陈兴民自己多干农活，儿子陈诚工作后，首先给大婶买了电脑，女儿陈丽媛更是耐心教我用电脑，帮我编辑修改保存文字。

为了这本书早些出来，出版社的领导、张华和她的同伴付出了很多，我作为一个普普通通的农民，真的是感觉到很大幸运，也非常地感谢他们，感恩遇见。

大婶真的很幸运，遇到的你们都是那么善良可爱，乡下的人害羞，不会说谢谢，但你们给予大婶所有的好，大婶都会存在心里。

裴爱民

2022 年 6 月

再版编后记

2020年春，我偶遇“田鼠大婶”的微博，田鼠大婶的文字朴素自然却妙趣横生，越读越有味，出于编辑的职业敏感，我决定去大西北见一见这位“田鼠大婶”。

2020年秋，一路辗转，我终于来到了“田鼠大婶”的小村子——甘肃省武威市民勤县薛百镇上新村吕家庄。尽管来之前有些心理准备，但映入眼帘的黄沙、狂风和干枯，还是让我这个长期生活、工作在南方的人大吃一惊。这样贫瘠地方的一个地地道道的农民大婶，如此地热爱生活、赞美劳动，把繁重的农活唱成了歌，把艰苦的生活写成了诗。

民勤之行，坚定了我做“田鼠大婶”这个选题的决心，我决定原汁原味地把大婶的劳动、生活日记“搬”到书上。

经过一年多与田鼠大婶的网络“鸿雁传书”、书稿编辑打磨，2022年8月，《田鼠大婶的日记》终于与读者见面了，书一问世，便引发了不小轰动。很多网友为华中师范大学出版社点赞、为田鼠大婶点赞，称赞出版社为农民出书“接地气、有眼光、有理想、有情怀”，称赞田鼠大婶是“新时代最美的诗人”。该书的出版，也引起了中央电视台、《人民日报》、《光明日报》、学习强国、新华网、《中国日报》等媒体的热烈关注。

田鼠大婶还收到中央委员、中国作协党组书记、副主席张宏森的亲笔信，高度肯定她在辛勤劳作之余笔耕不辍的精神，并邀请她加入“新时代山乡巨变创作计划”。2023年秋天，田鼠大婶受邀参加了CCTV-17中国农民丰收节融合传播行动《诵读，你眼中的丰收》节目、CCTV-13《乡村行 看振兴》节目。2023年冬天，田鼠大婶再次受邀参加 CCTV-17《大地讲堂》节目，这是她第一次走进央视，站到央视的舞台，发表跨年演讲《时间的力量 大地的力量》，这次演讲的最后，大婶说：“三十年，足够使这个农村的年轻媳妇老去，但老去的只是她的容貌，她创造了这个家庭，有粮食，有孩子，还有她的梦想。”节目录制现场，观众和工作人员被深深打动，不少人热泪盈眶。不仅如此，田鼠大婶还被邀请到北京现场观看央视总台 2024 年春节联欢晚会，并打卡《中国诗词大会》节目，蒙曼老师称赞她是“田野里吹来的风”。2024 年 4 月 23 日，《人民日报》刊发了田鼠大婶的文章《田里怎会没有诗意》，她给我发微信说：“我一个农民能跟许多大家的文章在《人民日报》上刊登在一起，我真高兴呀，太激动啦。”2024 年 6 月 10 日，《人民日报》再次刊发了她十几年前写的一篇随笔《夏日笔记》。

田鼠大婶是用心灵在创作，她正直、善良、质朴，热爱土地和生活，她的文字和图画充满了生命力，是沙漠里的一汪清泉、一片绿洲。

央视农业频道的康乐老师多次向我表示感谢，感谢我发现了田鼠大婶，她常常跟我说，田鼠大婶太美好了，电视节目都无法展现大婶美好的万分之一。

感谢康乐老师，让更多的人认识了田鼠大婶；感谢周百义、范军、张志锋、田巧萍等老师给予的关注、支持和鼓励。

第一版《田鼠大婶的日记》两年前与读者见面后，受到读者热捧，首批印数很快销售一空，后许多读者来信、来电要求加印，应读者的要求，本次再版，我们只在第一版的基础上略加改动，以保持“日记”的原汁原味。

说来也巧，正当我们在修订这本书时，今年7月下旬，我偶然在凤凰网上看到一篇关于民勤县的报道，报道说，民勤县2012年荒漠化已接近95%，美国《国家地理》杂志断言，中国甘肃民勤县将很快从地图上消失。报道还说，跨进2000年，滚滚黄沙不仅遮蔽了兰州、西安、郑州、石家庄、天津，也笼罩了首都北京，经专家实地考察分析，沙尘暴频发的源头之一就在民勤。该报道并非危言耸听，2020年秋，我到大婶村庄时即有所见。但在大婶带我参观他们的村庄、他们的庄稼、他们的治沙成果时，也使我看到了令我震撼的“另一面”，那就是在新时代，和大婶一样的民勤人，他们没有逃离故土，而是用勤劳的双手和汗水、坚忍的意志，在与沙漠作顽强斗争中不断探索，在沙漠里栽上了树，种上了庄稼，不仅增加了劳动收入，更是使沙漠化得到了整体的遏制，生生地创造了一个战胜沙漠的世界奇迹。在与大婶相识相交的四年多时间里，从她的微博、她常常发我的他们劳动的照片和视频里，大婶与她的乡亲们不断令我肃然起敬，这样的大婶，我没有丝毫理由不努力把《田鼠大婶的日记》编辑好，让更多的读者知道沙漠里的农民大婶诗人，让“沙漠里的诗”飞得更远更久。

张华

2024年8月

图书在版编目（CIP）数据

田鼠大婶的日记 / 裴爱民著. -- 武汉 : 华中师范大学出版社, 2024. 8. -- ISBN 978-7-5769-0664-6（2025.11重印）

Ⅰ. I267.5

中国国家版本馆CIP数据核字第2024M87M79号

编 辑 室：第一分社
电　　话：027－67867317
责任编辑：张　华
责任校对：王　胜
封面设计：罗明波
出版发行：华中师范大学出版社有限责任公司
社　　址：湖北省武汉市洪山区珞喻路152号
销售电话：027－67863426
邮　　编：430079
网　　址：http://press.ccnu.edu.cn/
印　　刷：湖北新华印务有限公司
督　　印：刘　敏
开　　本：710mm×1000mm　1/16
印　　张：12.5
字　　数：210千字
版　　次：2024年8月第1版
印　　次：2025年11月第2次印刷
定　　价：59.00元